Masud Ahmad (Hg.) · Jesus starb nicht am Kreuz

W0182755

Masud Ahmad (Hg.)

JESUS STARB NICHT AM KREUZ

Drei Vorträge

VERLAG DER ISLAM

© Copyright der deutschen Ausgabe:
1992
VERLAG DER ISLAM
Babenhäuser Landstraße 25
6000 Frankfurt/M. 70

Übersetzung der Rede des Khalifen
aus dem Englischen
Hadayatullah Hübsch

Gesamtherstellung: Stowasser, Werdorf

ISBN 3-921458-81-1

Vorwort

Wir sorgen uns selten darum, darüber nachzudenken, daß viele der Lehren und Prinzipien, die die Grundlagen unserer modernen Gesellschaft bilden, vormals anders gesehen und verstanden wurden. Was wir heute als unwiderlegbare Tatsache ansehen, war vielleicht einst für obskur und unglaublich gehalten worden. Die folgenden Seiten dieses Buches behandeln ebenfalls ein Thema, das erst in unseren Tagen in seiner vollen Wahrheit enthüllt worden ist.

Die Gefolgsleute der drei offenbarten Religionen Islam, Christentum und Judentum haben unterschiedliche Ansichten hinsichtlich der Person des Jesus von Nazareth. Sie vertreten unterschiedliche Auffassung bezüglich seiner Mission, seiner Geburt, seinem Leben und seinem Tod. Der Qur-ân, die heilige Schrift des Islam, die aus den wörtlichen Offenbarungen besteht, die dem Propheten des Islams gewährt wurden, behandelt dieses Thema detailliert und erklärt die wahre Position und den wahren Rang von Isa-ibn-i-Maryam (Jesus, Sohn der Maria), einem Propheten Gottes.

Entsprechend dem Heiligen Qur-ân rettete Gott ihn von einem verfluchten Tod am Kreuz (3 : 56). Danach gewährte Er ihm Schutz auf einem erhöhten Land mit grünen Tälern und Quellen fließenden Wassers (23 : 51). Es wird auch in einer Überlieferung des Heiligen Propheten des Islams berichten,daß Gott Isa-ibn-i-a-Maryam Jesus, dem Sohn der Maria, offenbarte: *»O Jesus, reise von einem Ort zum anderen, so daß du nicht erkannt werden mögest und verfolgt.«* (Kanzul-Ummal, Band II, S. 34).

Der Ort, der in dem Heiligen Qur-ân erwähnt wird und

auf den der Heilige Prophet Muhammad (Frieden und Segen Allahs seien auf ihm) hinwies, ist von dem heiligen Begründer der Ahmadiyya-Muslim-Bewegung, Hazrat Mirza Ghulam Ahmad (1835–1908), als das Land Kaschmir identifiziert worden.

An dieser Stelle mag die Frage erhoben werden, warum dieser letzte Ort, an dem Jesus Christus lebte, für solch eine lange Zeit unentdeckt geblieben ist?

Die Antwort darauf lautet, daß während der 2. und 3. Jahrhunderte der Islamischen Ära die meisten Muslime von den vielen Christen beeinflußt wurden, die den Islam annahmen, sodaß sie Schritt für Schritt eine Vorstellung entwickelten, die ganz im Gegensatz zu dem des Islams steht. Die Idee verbreitete sich somit, daß Jesus lebendig in den Himmel entrückt worden sei und lebendig von dort auf die Erde herabsteigen würde, in seinem physischen Körper. Dies würde in der Endzeit geschehen, die Prophezeiungen erfüllend, die der Heilige Prophet des Islam diesbezüglich gemacht hatte.

Hazrat Mirza Ghulam Ahmad erläuterte unter göttlicher Weisung die wahren Lehren des Qur-ân. Was Jesus betrifft, so belegte er mit starken und überzeugenden Argumenten aus dem Qur-ân und den Traditionen des Heiligen Propheten des Islam, den sogenannten *Ahadith*, daß Jesus eines natürlichen Todes gestorben war, und daß mit seinem zweiten Erscheinen, seiner Wiederkehr gemeint ist, daß jemand mit seiner Kraft und in seinem Geist kommen würde. Diese Interpretation des Qur-ân wurde anfänglich von der muslimischen Geistlichkeit mit großer Opposition bedacht. Aber schrittweise fand diese Erklärung der betreffenden Verse Einzug in die Herzen der Muslime. Sheikh Mohammed Shaltoot, der Direktor der Al-Azhar-Universität in Kairo, war einer der großen islamischen Gelehrten, die eine diesbezügliche Fatwa herausgaben, die von Versen aus dem Heiligen

Qur-ân und den Überlieferungen des Propheten Muhammad (Frieden und Segen Allahs seien auf ihm) unterstützt wurde und belegte, daß Jesus eines natürlichen Todes gestorben ist und daß er nicht lebendig in seinem irdischen Körper sich im Himmel aufhält.

In der Folge ergab es sich, daß man kaum noch einen renommierten Gelehrten des Islams finden kann, der heutzutage noch darauf besteht, daß Jesus körperlich im Himmel sei. Aber nur ein Jahrhundert zuvor war die Vorstellung von einem physischen Leben Jesu im Himmel als ein unverzichtbarer Bestandteil des islamischen Glaubens angesehen worden.

Hazrat Ahmad legte unter Göttlicher Leitung vor über hundert Jahren dar, daß Jesus eines natürlichen Todes gestorben war. Sein Buch »Jesus starb in Indien« (deutsch im Verlag Der Islam) identifiziert den Ort, an dem er nach seinem Weggang aus Palästina predigte und, wo er zur letzten Ruhe gebettet wurde. Seit dieser Zeit ist das Grab von Yus Asaf (die lokale Sprachform für Jesus) in der Khanyar-Straße zu Srinagar in Kaschmir zu finden. Es ist dieser Tage zu einem Treffpunkt für Gelehrte aus allen Teilen der Welt geworden. Etliche dutzend Bücher wurden über Jesus in Kaschmir geschrieben und sind in den verschiedensten Sprachen veröffentlicht worden. All das belegt die Wahrheit des Anspruchs von Hazrat Ahmad, den er in seinen Büchern verkündet hatte. Wir sind davon überzeugt, daß die Tage nahe sind, an dem das Netz der Mythen und Mysterien, das den Mann namens Jesus umgibt, zu einem Ende kommen wird. Dann wird die Welt begreifen, was die wahre Botschaft und das wahre Ziel seines Kommens gewesen ist, und was die Bedeutung seiner Wiederkunft ist.

Die Ahmadiyya-Muslim-Jamaat hat in verschiedenen Büchern immer wieder darauf aufmerksam gemacht, daß Jesus nicht am Kreuz gestorben ist. Sie veranstaltete so auch im

Jahre 1978 in London ein internationales Symposium, an dem Gelehrte aus allen Teilen der Welt teilnahmen, in dem die These diskutiert wurde, wie Jesus starb. Zu diesem Ereignis hat der damalige Kalif der Ahmadiyya Muslim Gemeinde, Hazrat Mirza Nasir Ahmad, eine Rede gehalten, die unter dem Titel »Die Wahrheit über die Kreuzigung« seinerzeit veröffentlicht wurde. Im Jahre 1992 hat der deutsche Zweig eine Veranstaltung in Frankfurt abgehalten, bei der Holger Kersten über das Turiner Grablinnen, der Imam und Islamgelehrte Abdul Basit Tariq über die Aussagen der Bibel und des Qur-ân über den angeblichen Kreuzestod von Jesus, und der Schriftsteller Hadayatullah Hübsch über die Folgen den Glaubens an den Kreuzestod von Jesus in Ost und West gesprochen. Wir dokumentieren diese drei Reden. Im Anschluß daran finden Sie einen Briefwechsel zwischen dem British Council of Churches und der Ahmadiyya Muslim Jamaat, in dem es um die Möglichkeit geht, einen Dialog über die Kreuzigung Jesu abzuhalten. Leider hat die Britische Kirche diesen Dialog ohne Begründung abgebrochen. Als Zusatz wird in diesem Buch noch ein »offener Brief an die Christenheit« dokumentiert, der zum Teil heftige Reaktionen bei Pfarrern und anderen Christen hervorgerufen hat. Wir laden dazu ein, unsere Thesen zu diskutieren.

Frankfurt am Main im Juli 1992
Masud Ahmad
Imam der Nuur-Moschee, Frankfurt

Die Kreuzigung Jesu nach den Zeugnissen der Bibel und des Heiligen Qur-ân

von Abdul Basit Tariq

Im Namen Allahs, des Gnädigen, des immer Barmherzigen. Wir preisen Ihn und erflehen Seinen Segen für Seinen Heiligen Propheten. Sehr geehrter Herr Vorsitzender, sehr geehrte Damen und Herren, liebe Brüder und Schwestern im Islam. Das Thema meiner Rede lautet: »Die Kreuzigung Jesu nach den Zeugnissen der Bibel und des Heiligen Qur-ân.« Lassen Sie mich zum Anfang meiner Ausführungen meine These verkünden: Diejenigen Juden, die Jesus feindlich gesonnen waren, planten, Jesus hinzurichten, Gott aber plante, Jesus zu retten. Und Gott ist der beste Planer. Der Heilige Qur-ân, die dem Heiligen Propheten Muhammad, Friede sei auf ihm, von Gott offenbarte Schrift des Islam, verkündigt, daß Jesus nicht am Kreuz starb. Er wurde zwar gekreuzigt, gelangte dort aber in den Zustand der Bewußtlosigkeit, wurde also lebendig vom Kreuz abgenommen, wenn es auch so aussah, als sei er gestorben. In dem Grabgewölbe, in das man ihn gelegt hatte, wurde er gesund gepflegt. Er zeigte sich seinen Jüngern anschließend im Geheimen und wanderte dann aus Palästina über Afghanistan nach Kaschmir, wo er den dort ansässigen Stämmen der Juden das Evangelium predigte. In Kaschmir ist er im Alter von 120 Jahren gestorben, und dort wurde er auch begraben.

Jahrtausendelang blieb das Wissen über die tatsächlichen Geschehnisse der Kreuzigung nur wenigen bekannt. In unserer Zeit aber sollte das Dogma vom Kreuzestod Jesu, durch den angeblich die Sünden der Menschen vergeben worden sind, gebrochen werden. Gott prophezeite dem Heiligen Propheten Muhammad, Friede sei auf ihm, daß in unserer Zeit die Wiederkunft von Jesu erscheinen würde, und sie würde das Kreuz brechen. Das Kreuz brechen bedeutet, die Falschheit der christlichen Lehre, die nach Jesus von einigen seiner Nachfolger erfunden worden ist, zu beweisen. Also die Falschheit der Lehre, daß der Tod von Jesus am Kreuz die Erlösung der Christen von ihren Sünden bedeutet. Wir glauben, daß die Wiederkunft von Jesus durch Hazrat Mirza Ghulam Ahmad vor 100 Jahren stattgefunden hat, so, wie die Wiederkunft von Elias, auf die die Juden warteten, zur Zeit Jesus durch Johannes den Täufer erfüllt worden war. Die Juden nämlich glaubten, daß vor dem Erscheinen des Messias Elias wiederkommen würde. Sie warten noch heute auf die Wiederkunft des Elias, weil sie ja annehmen, daß Jesus nicht der Messias gewesen ist, da vor ihm nicht Elias erschienen war, während Jesus gelehrt hat, daß die Ankunft von Elias durch Johannes den Täufer erfüllt worden sei, und er der Messias wäre. Die Juden glauben, daß Jesus nicht der Messias war, weil er ja einen verfluchten Tod am Kreuz gestorben sei. Was die Bedeutung dieses Fluches ist, darauf werde ich später zu sprechen kommen. Die Christen und die Muslime aber glauben, daß Jesus der echte Messias gewesen ist. Sie glauben auch, daß Jesus in der Endzeit wiederkommen würde. Nur machen sie den selben Fehler wie die Juden, indem sie glauben, derselbe alte Jesus würde lebendig wiederkommen. Jesus und der wahre Islam, den wir, die Ahmadiyya Muslim Gemeinde, vertreten, lehren, daß die Wiederkunft durch eine andere Person, die die gleichen Aufgaben des historischen Jesus haben würde, stattfinden wird. Diese Ankunft ist durch Hazrat Mirza Ghulam Ahmad Wirklichkeit geworden. Die Beweise dafür finden Sie in unseren Büchern. Leider kann ich im Rahmen dieses Vortrags nicht darauf eingehen. Indes, wie ich schon sagte, hat eine seiner Aufgaben darin bestanden, das Kreuz zu brechen. Der Tod eines anderen Menschen, auch wenn er noch so geehrt ist wie Jesus, kann niemals die Erlösung für die Sünden anderer Menschen darstellen. Sünde ist eine seelische Krankheit, die man durch persönliches Bereuen, durch Gebet und letztlich durch die Liebe Gottes heilen kann. Die Gerechtigkeit Gottes läßt nicht den einen für den anderen leiden. Gott bestraft nicht die Unschuldigen für die Schuldigen. Der Heilige Qur-ân verkündet:

> *»Daß keine Lasttragende die Last einer anderen tragen soll«* (53 : 39) Und:
> *»Wer eine Sünde begeht, der begeht sie nur gegen seine eigene Seele.«* (4 : 12).

Dazu lesen wir in der Bibel:

> *»Väter sollen nicht für ihre Söhne und Söhne nicht für ihre Väter mit dem Tod bestraft werden. Jeder soll nur für sein eigenes Verbrechen mit dem Tod bestraft werden.«* (5 : Mose 24 : 16)

Jesus sagte selbst zu seinen Jüngern:

> *»Wer mein Jünger sein will, der verleugne sich, nehme sein Kreuz auf sich und folge mir nach.«* (Matthäus 16 : 24).

Weder in der Bibel, noch im Heiligen Qur-ân hat der Glaube an den Kreuzestod Jesu mithin seine Wurzeln. Lassen sie mich nun kurz noch einmal den Glauben der Juden, Christen und Muslime skizzieren. Die Juden glauben, daß Jesus ein falscher Prophet war und daß ihr erwarteter Messias bis heute noch nicht gekommen ist. Nach ihrem Glauben hat Jesus als falscher Prophet es verdient, am Kreuz einen verfluchten Tod zu erleiden. Die Christen glauben, daß Jesus Christus der Sohn Gottes war und alle Sünden der Menschheit auf sich genommen hatte. Durch seinen Tod am Kreuz habe er die Menschen erlöst und von ihren Sünden befreit. Die Mehrheit der Muslime glaubt, daß, als die Juden versuchten, Jesus, Friede sei auf ihm, ans Kreuz zu schlagen, Gott eine andere Person erschuf, die so aussah wie Jesus, also Jesus ähnlich war. Diese Person sei anstelle von Jesus gekreuzigt worden, während Gott Jesus Christus lebendig zum Himmel aufsteigen ließ. Gott habe so Jesus vom verfluchten Tod am Kreuz errettet. Die Ahmadiyya Muslim Gemeinde, eine friedliche, weltweite Reformbewegung des Islam, glaubt, daß Jesus Christus, Friede sei mit ihm, zwar von den Juden ans Kreuz genagelt worden ist, nach drei Stunden aber wurde er wieder im Zustand der Bewußtlosigkeit vom Kreuz abgenommen, so daß Gott ihn den verfluchten Tod am Kreuz nicht erleiden ließ. Der Heilige Qur-ân sagt dazu:

> »*Und wegen ihrer Rede: »Wir haben den Messias, Jesus, den Sohn der Maria, den Gesandten Allahs, getötet, während sie ihn doch weder erschlugen, noch den Kreuzestod erleiden ließen. Sondern er erschien ihnen nur gleich* (einem am Kreuz gestorbenen).« (4 : 188)

Ich möchte an dieser Stelle kurz darlegen, wie zu jener Zeit ein Tod am Kreuz aussah. Der Tod am Kreuz war eine Art der Todesstrafe, durch die der Gekreuzigte innerhalb von drei bis vier Tagen allmählich durch die Qualen der Schmerzen, durch Durst und Hunger starb. Dem Schuldigen wurden Nägel an Händen und Füßen gebohrt, er wurde an einen Pfahl oder ein Holzstück angenagelt. Ein Gekreuzigter starb hängend und qualvoll. Oft wurden den Gekreuzigten die Beine gebrochen, um dadurch den Sterbensprozess zu verkürzen.

Die Behauptung des Heiligen Qur-ân, daß es den Juden nicht gelang, Jesus am Kreuz sterben zu lassen, kann durch ein aufmerksames Studium der Bibel bewiesen werden. Die in der Bibel erwähnten Ereignisse stellen klar, daß Jesus garnicht am Kreuz gestorben sein kann. Zum Beispiel sagt die Bibel eindeutig, daß Jesus nur ein paar Stunden am Kreuze hängend verbrachte. Es ist äußerst unwahrscheinlich, daß ein so kräftiger junger Mann, wie Jesus es war, nach nur wenigen Stunden Kreuzigung gestorben sein sollte. Die

Kreuzigung war der schlimme Höhepunkt einer Verfolgung, die Jesus seitens der Hohepriester erdulden mußte. Der Heilige Qur-ân sagt dazu:

»Wehe über die Diener! Kein Gesandter kommt zu ihnen, den sie nicht verspotteten.« (36 : 31).

Als Jesus Christus behauptete, daß er der erwartete Messias der Juden sei, standen die Hohepriester und Schriftgelehrten der Juden gegen ihn, weil sie seine Lehre nicht glauben wollten. Sie erklärten Jesus zu einem falschen Propheten und versuchten, ihn hinrichten zu lassen. Wir lesen bei Matthäus:

»Als es Morgen wurde, faßten die Hohepriester und Ältesten des Volkes gemeinsam den Beschluß, Jesus hinrichten zu lassen. Sie ließen ihn fesseln und abführen und lieferten ihn dem Statthalter Pilatus aus.« (Matth. 27 : 1, 2)

Die letzten Kapitel aller vier Evangelien erzählen uns die Geschichte, wie die Pharisäer alles unternahmen, um die Behörden dazu zu zwingen, Jesus hinzurichten. Wir lesen bei Lukas:

»Pilatus aber redete wieder auf sie ein, denn er wollte Jesus freilassen. Doch sie schrieen: Kreuzige ihn, kreuzige ihn... Sie aber schrieen und forderten immer lauter, er solle Jesus kreuzigen lassen, und mit ihren Geschrei setzten sie sich durch.« (Lukas 23 : 20, 21)

Doch es ist der Weg Gottes, daß Er Seinen Geliebten und Seinen Gesandten auf außergewöhnliche Weise hilft. Wir lesen dazu im Heiligen Qur-ân, daß Allah den Propheten verspricht:

»Wahrlich, helfen werden Wir Unseren Gesandten und denen, die gläubig sind.« (40 : 52)

Gott half Jesus in diesen schwierigen Stunden, indem Er solche Verhältnisse schuf, durch die er vor dem Kreuzestod bewahrt wurde. Der Statthalter Pilatus zum Beispiel war von der Unschuld Jesu überzeugt, aber er fand sich hilflos gegenüber dem Volk und wurde so gezwungen, gegen

Jesus das Urteil der Kreuzigung zu fällen. Wir lesen bei Matthäus:

»Da schrieen sie noch lauter: Ans Kreuz mit ihm! Als Pilatus sah, daß er nichts erreichte, sondern daß der Tumult immer größer wurde, ließ er Wasser bringen, wusch sich vor allen Leuten die Hände und sagte: »Ich bin unschuldig am Blut dieses Menschen. Das ist eure Sache... «

(Matth. 27 : 23, 24)

Die Frau des Pilatus hatte einen Traum gesehen und war deswegen davon überzeugt, daß Jesus eine heilige Person war und nicht bestraft werden sollte. Wir lesen bei Matthäus:

»Während Pilatus auf dem Richterstuhl saß, ließ ihm seine Frau sagen: Laß die Hände von diesem Mann, er ist unschuldig. Ich hatte seinetwegen heute einen schrecklichen Traum.«

(Matth. 27 : 19)

Es gibt also keinen Zweifel daran, daß Pilatus mit Jesus Sympathie hatte. Er plante es deswegen so, daß Jesus nur die kürzestmögliche Zeit am Kreuz bleiben würde, einen Zeitabschnitt, der nicht ausreichte, um einen Menschen wie Jesus am Kreuz sterben zu lassen. Bei Johannes lesen wir:

»Es war am Rüsttag des Paschafestes, ungefähr um die sechste Stunde. Pilatus sagte zu den Juden: Das ist euer König.«

(Joh. 19 : 24).

Das war Freitag Nachmittag, um die sechste Stunde, bei Matthäus lesen wir dann, daß man einen Schrei von Jesus zur neunten Stunde hörte, der als Todesschrei begriffen wurde:

»Von der sechsten bis zur neunten Stunde herrschte eine Finsternis im ganzen Land. Um die neunte Stunde rief Jesus laut.« (Matth. 27 : 45).

Also blieb Jesus nicht länger als drei Stunden am Kreuz, denn nach dem Jüdischen Gesetz durfte keiner am Heiligen Tag des Sabbat am Kreuz hängen bleiben. Josef von Arimathäa nahm den Körper von Jesus vom Kreuz ab. Als die Nachricht Pilatus erreichte, daß Jesus schon am Kreuz gestorben sei, war er sehr überrascht. Wir lesen bei Markus:

»Pilatus war überrascht, als er hörte, daß Jesus schon tot sei. Er ließ den Hauptmann kommen und fragte ihn, ob Jesus bereits gestorben sei.« (Mark. 15 : 44, 45)

Abgesehen davon, daß die kurze Zeit von drei Stunden nicht ausreichte, um einen kräftigen Mann wie Jesus sterben zu lassen, wissen wir, daß die Beine von Jesus nicht gebrochen wurden, wohingegen den beiden Verbrechern, die zusammen mit Jesus gekreuzigt worden waren, die Beine gebrochen wurden, um einen raschen Tod herbeizuführen. Wir lesen bei Johannes:

»Weil Rüsttag war und die Körper während des Sabbats nicht am Kreuz bleiben sollten, baten die Juden Pilatus, man möge den Gekreuzigten die Beine zerschlagen und ihre Leiche dann abnehmen; denn dieser Sabbat war ein großer Feiertag... Als sie aber zu Jesus kamen und sahen, daß er schon tot war, zerschlugen sie ihm die Beine nicht.« (Joh. 19 : 31–33).

Die Juden dachten also, Jesus sei bereits gestorben. Wir dürfen dies nicht für bare Münze nehmen, weil die Umstände, wie geschildert, dagegen sprachen. Jesus erschien ihnen wie einer, der gestorben war. So drückt es der Qur-ân aus. Ein weiterer Beweis dafür, daß er nur bewußtlos und nicht tot am Kreuz hing, wird durch einen anderen Vers deutlich. Wir lesen bei Johannes:

»Einer der Soldaten stieß mit der Lanze in seine Seiten und sogleich floß Blut und Wasser heraus.« (Joh. 19 : 34)

Solange das Herz eines Menschen aber noch schlägt, funktioniert auch der Kreislauf. Und nur dann ist es möglich, daß Blut und Wasser aus einer Wunde fließen. Daß, wie die Bibel sagt, Blut und Wasser aber flossen, ist ein medizinischer Beweis dafür, daß das Herz Jesu noch schlug. Es scheint so, daß es eine stillschweigende Übereinkunft zwischen Pilatus und einigen Juden, die Jesus verehrten, gegeben hat. Denn sofort nach der Abnahme vom Kreuz wurde Jesus medizinisch behandelt. Josef von Aramithäa und Nikodemus erhielten den Körper Jesu, nachdem er vom Kreuz abgenommen worden war. Bei Johannes steht dazu geschrieben:

»Es kam auch Nikodemus, der früher einmal Jesus bei Nacht aufgesucht hatte. Er brachte eine Mischung aus Myrrhe und Aloë, etwa hundert Pfund.« (Joh. 19 : 39).

Nikodemus scheint ein Heilpraktiker gewesen zu sein, denn er wußte von den Heilmitteln, die für die Behandlung schwerer Verletzungen gebraucht wurden. Wäre Jesus wirklich tot gewesen, hätte man keine Heilmittel oder Salben benötigt. Der Verheißene Messias, die Wiederkunft von Jesus, Hazrat Mirza Ghulam Ahmad, der Begründer der Ahmadiyya Muslim Gemeinde, schreibt in seinem Buch: »Jesus starb in Indien« ein ganzes Kapitel über die Salbe, die man Jesus gegeben hatte. Hazrat Ahmad bewies darin, daß die Salbe, die für die Behandlung der Wunden Jesu verwandt wurde, in den meisten berühmten Medizinbüchern der nachfolgenden Zeit erwähnt worden ist. Jesus wurde mit Hilfe dieser Salbe gepflegt und konnte sich einige Tage später den Jüngern zeigen. Lukas schreibt dazu:

»Während sie noch darüber redeten, trat er selbst in die Mitte und sagte zu ihnen: Friede mit euch! Sie erschraken und hatten große Angst, denn sie meinten, einen Geist zu sehen. Da sagte er zu ihnen: Was seid ihr so bestürzt? Warum laßt ihr in eurem Herzen solche Zweifel aufkommen? Seht meine Hände und Füße an. Ich bin es selbst. Faßt mich doch an, (und) *begreift: Kein Geist hat Fleisch und Knochen, wie ihr es bei mir seht. Mit diesen Worten zeigte er ihnen seine Hände und Füße. Sie staunten, konnten es aber vor Freude immer noch nicht glauben. Da sagte er zu ihnen: Habt ihr etwas zu essen hier. Sie gaben ihm ein Stück gebratenen Fisch, er nahm es und aß es vor ihren Augen.«* (Luk. 24 : 36–43)

All dies beweist, daß Jesus nicht gestorben war, und der Heilige Qur-ân wird durch diese Aussagen bestätigt. In ihm steht die Wahrheit über die Kreuzigung geschrieben, daß die

Juden Jesus »*weder erschlagen, noch den Kreuzestod erleiden ließen.*« Gott sagt dazu im Qur-ân auch:

»*Und sie planten* (Jesus hinzurichten) *und Allah plante* (ihn zu retten), *und Allah ist der beste Planer*«. (3 : 55)

Ich sagte eingangs, daß der Tod am Kreuz den Juden als ein verfluchter Tod galt. Die Person, die am Kreuz starb, war damit verflucht. Sie beziehen sich dabei auf einen Vers aus der Thora, der lautet:

»*Wenn jemand ein Verbrechen begangen hat, auf das die Todesstrafe steht, wenn er hingerichtet wird, und der Tote an einem Pfahl hängt, dann soll die Leiche nicht über Nacht am Pfahl hängen bleiben... denn ein Gehenkter ist ein von Gott Verfluchter.*« (5. Moses 21 : 22, 23)

Der Glaube an den Kreuzestod von Jesus macht zur Bedingung, daß wir auch glauben, Jesus sei ein verfluchter Mensch gewesen. Dazu schreibt Paulus in seinem Brief an die Galater:

»*Christus hat uns vom Fluch des Gesetzes freigekauft, indem er für uns zum Fluch geworden ist.*« (Gal. 2 : 13).

Was aber ist die Bedeutung von Fluch, was ist ein verfluchter Mensch? Im Terminus der Religion heißt ›Verflucht Werden‹, daß das Herz des verfluchten Menschen völlig dunkel wird. Solch ein Mensch ist vollkommen von Gott entfremdet, er ist aller Segnungen Gottes beraubt. Solch ein verfluchter Mensch hat sich vollständig von Gott abgekehrt, er ist rettungslos verloren und Feind Gottes. Jesus Christus aber, Friede sei auf ihm, war unserer Meinung nach ein geliebter und auserwählter Prophet Gottes. Der Heilige Qur-ân sagt über Jesus:

»*Allah hat ihm einen Ehrenplatz bei Sich eingeräumt.*« (4 :158)

Und an anderer Stelle heißt es:

»*Sein Name soll der Messias sein, Jesus, Sohn der Maria, geehrt in dieser Welt und in der nächsten, und einer von denen, denen Nähe zu Gott gewährt ist.*« (3 : 46)

Und:

»*Jesus wurde von Gott mit Heiligkeit gesegnet.*« (2 : 254)

Und:

»Allah wird Jesus von allen Anklagen und Anschuldigungen, die gegen ihn von den Juden vorgebracht worden sind, freisprechen und seine Unschuld beweisen.« (3 : 55)

Alle diese Verse aus dem Heiligen Qur-ân beweisen den hohen geistigen Rang von Jesus Christus, Friede sei auf ihm. Er war von Gott zu den Israeliten gesandt worden, um sie zu Gott zu führen. Wie können wir annehmen, daß Gott Sein eigenes Gesetz der Thora, durch das ein Gekreuzigter verflucht wurde, auf Jesus angewandt hatte? Wie können wir glauben, daß er vom Gesetz her ein Verfluchter war, etwas, was die Juden ja beweisen wollten? Jesus hatte gesagt: Ich bin nicht gekommen, das Gesetz aufzulösen, sondern es zu erfüllen. Jesus glaubte an seinen Erfolg. Er hat sich nicht darüber gefreut, daß er am Kreuz sterben dürfte und daß somit seine angebliche Mission, die Menschheit von ihren Sünden zu erlösen, erfüllt worden sei. Im Gegenteil, er zeigte große Besorgnis und Furcht. Er hatte lebendigen Kontakt mit seinem Schöpfer und glaubte an die Macht des Gebetes. Wir lesen dazu bei Matthäus:

»Wenn ihr Glauben habt und nicht zweifelt, wenn ihr dann zu diesem Berg sagt: Hebe dich empor und stürze dich ins Meer, so wird es geschehen. Und alles, was ihr im Gebet erbittet, werdet ihr erhalten, wenn ihr glaubt.« (Matth. 21 : 21, 22).

Jesus wußte also, daß das Gebet die stärkste Waffe ist, durch die man seine Feinde besiegen kann. Er betete deswegen in den Stunden vor der Kreuzigung ernsthaft und ausdauernd und bat um Rettung. Wir lesen bei Lukas:

»Dann entfernte er sich von ihnen ungefähr einen Steinwurf weit, kniete nieder und betete: Vater, wenn du willst, nimm diesen Kelch von mir... Und er betete in seiner Angst noch inständiger, und sein Schweiß war wie Blut, das auf die Erde tropfte.« (Lukas 22 : 43–46)

Und bei Matthäus lesen wir dazu:

»Meine Seele ist zu Tode betrübt. Bleibt hier und wacht mit mir. Und er ging weiter, warf sich zu Boden und betete: Mein Vater, wenn es möglich ist, gehe dieser Kelch an mir vorüber.« (Matth. 26 : 38).

Wir dürfen nicht zu der Annahme verleitet werden, daß dies nur ein formelhaftes Gebet gewesen ist. Er wollt nicht getötet werden, er wollte vom Tod errettet werden. Daß er sein Gebet mit den Worten beschloß: »nicht wie ich will, sondern wie Du willst«, ist der Weg aller Frommen, die ihr Gebet immer mit den Worten: »so Gott will« beenden. Jesus sagte einmal »Ich und der Vater sind eins«. Das ist die Aussage aller Mystiker, die ihr Ego vollkommen vernichtet haben und somit nur noch den Willen Gottes tun. Jesus aber glaubte, daß sein Gebet erhört wurde. Deswegen war er so entsetzt, als er den Plan Gottes nicht begriff, so daß er am Kreuz ausrief: Mein Gott, mein Gott, warum hast du mich verlassen! Gott aber hatte Jesus nicht verlassen, es war Sein Plan, Jesus aus dieser höchsten Gefahr zu erretten, indem den Juden vorgegaukelt wurde, Jesus sei eigentlich tot, während er aber nur bewußtlos war. Daß die Gebete von Jesus erhört wurden, also auch das Gebet im Garten Gethsemane in der Nacht vor der Kreuzigung, lehrt uns auch Paulus. In seinem Brief an die Hebräer schreibt er:

»Als er auf Erden lebte, hat er Gebet und Bittrufe mit lautem Schreien und mit Tränen vor den getragen, der ihn aus dem Tode retten konnte. Und ist um seiner Ehrfurcht willen erhört worden.« (Hebräer 5 : 7)

Jesus indes ahnte, daß er ein furchtbares Schicksal in Palästina haben würde. Er wußte auch, daß er nicht einen verfluchten Tod sterben würde. Wir erfahren dies aus dem Gleichnis, das er über sich und den Propheten Jona gab. Die Juden hatten von ihm ein Zeichen seiner Wahrhaftigkeit verlangt. Jesus versprach ihnen ein Zeichen wie das des Propheten Jona. Wir lesen dazu bei Matthäus:

»Zu dieser Zeit sagten einige Schriftgelehrte und Pharisäer: Meister, wir möchten von dir ein Zeichen sehen. Er antwortete ihnen: Diese böse und treulose Generation fordert ein Zeichen, aber es wird ihr kein anderes gegeben werden, als das Zeichen des Propheten Jona. Denn wie Jona drei Tage und drei Nächte im Bauche des Fisches war, so wird auch der Menschensohn drei Tage und drei Nächte im Inneren der Erde sein.«
(Matth. 18 : 38–40)

Dieses Zeichen ist sehr bedeutungsvoll, denn es war das einzige Zeichen, das Jesus selbst den Juden für seine Wahrhaftigkeit versprach. Dieses Zeichen erhielt drei Prophezeiungen. Erstens: Jesus würde das gleiche Schicksal erleiden wie der Prophet Jona. Jona wurde von seinem Volk abgelehnt, er wurde ins Meer geworfen und von einem Fisch verschlungen, er war sozusagen im Bauch des Fisches. Genauso würde Jesus drei Tage und drei Nächte durch die Verfolgung der Juden in das Innere der Erde gelangen, also in das Grabgewölbe. Zweitens: Jona verbrachte drei Tage und drei Nächte lebendig, aber bewußtlos, im Bauch des Fisches. Genauso würde Jesus drei Tage und drei Nächte lebendig, aber bewußtlos, im Inneren der Erde verbringen. Drittens: Der Prophet Jona wurde schließlich von seinem Volk angenommen und geehrt. Genauso würde Jesus seine Mission erfüllen können. In Palästina lebten ja nur zwei der zwölf israelitischen Stämme. Die andern zehn Stämme der Juden waren ausgewandert und hatten sich im Osten angesiedelt, bis hin in den Raum des heutigen Kaschmir, wie die Geschichtsforschung beweist. Diese Stämme wurden »die verlorenen Stämme Israels« genannt. Jesus war kein Lehrer aller Menschen. Er war der Messias der Juden und ausschließlich zu ihnen gesandt, wie er selbst sagte. Bei Matthäus lesen wir dazu:

»Ich bin nur zu den verlorenen Schafen des Hauses Israel gesandt«. (Matth. 15 : 24)

Wenn wir das Zeichen Jesus, das er von sich mit dem Hinweis auf Jona gab, ernst nehmen, so bleibt uns nur die Schlußfolgerung, daß Jesus nicht am Kreuz gestorben ist. Wenn er doch den verfluchten Tod am Kreuz gestorben ist, dann macht das Zeichen, das einzige, das er gab, keinen Sinn. Jesus muß daran geglaubt haben, daß er jede Verfolgung durch die Juden überlebt. Wäre sein Tod am Kreuz und eine Auferstehung aus dem Zustand des Todes seine Bestimmung gewesen, hätte das Zeichen Jona keine Bedeutung. Es wäre unsinnig, denn es gäbe keine Parallele zu der ungeheuren Bedeutung des Todes, den die Christen praktisch zum Ein-und-Alles ihrer Lehre gemacht haben. Wäre die Bestimmung Jesu sein Tod gewesen, um dadurch die Menschen von ihren Sünden zu befreien, hätte er ein ganz anderes Gleichnis geben müssen. Er hätte all sein Predigen auf diese umstürzende Heilslehre ausgerichtet. Daß seine Mission aber die Führung der Menschen zu Gott war, und er durchaus annahm, eines Tages aus Palästina auszureisen, um die übrigen Stämme Israels aufzusuchen, geht aus dem folgenden Vers hervor. Wir lesen bei Johannes:

> *»Ich habe noch andere Schafe, die nicht aus diesem Hof sind, auch sie muß ich führen, und sie werden auf meine Stimme hören.«* (Joh. 10 : 16)

Der Heilige Qur-ân bestätigt, daß es die Aufgabe von Jesus war, alle Juden zu Gott zu führen: Es heißt:

> *»Und* (Wir entsandten ihn) *als einen Gesandten zu den Kindern Israels«* (3 : 50)

Der Qur-ân sagt weiter, daß Jesus und seine Mutter das Land Palästina heimlich verließen und in ein anderes Land reisten, in dem sie Schutz suchten. Der folgende Vers besagt dies:

> *»Und Wir machten den Sohn der Maria und seine Mutter zu einem Zeichen und gaben ihnen Zuflucht auf einem Hügel mit grüner Talmulde und den fließenden Wassern von Quellen.«* (23 : 51)

Die verschiedensten wissenschaftlichen Forschungen und auch die jüdische und die indische Geschichte weisen darauf hin, daß mit dem Ort, der mit den Worten »Hügel mit grüner Talmulde und fließenden Wassern von Quellen« beschrieben wird, Kaschmir gemeint ist, wo wir Zeugnisse finden, daß hier einst jüdische Stämme siedelten, zu denen aus einem fernen Land ein Prophet kam, der zu ihnen in Gleichnissen sprach. Dieser Prophet, über den es zahlreiche Aussagen aus der dortigen Geschichtsschreibung gibt, war Jesus. Der Heilige Prophet Muhammad, Friede und Segen Gottes seien auf ihm, lehrte, daß Jesus 120 Jahre alt geworden ist. Er sagt auch:

> *»Gott offenbarte Jesus* (auf dem Frieden sei)*: O Jesus! Ziehe von einer Stätte zur anderen, auf daß du nicht erkannt und verfolgt wirst. Jesus pflegte stets zu reisen.«*

Wenn Jesus am Kreuz starb und dann lebendig in den Himmel fuhr, hätte er seine Aufgabe, die Botschaft Gottes auch den Schafen, die nicht aus dem Hof Palästinas waren, zu verkünden, nicht erfüllt. Durch Forschungen in unserer Zeit ist indes oft bewiesen worden, daß Jesus in Kaschmir lebte und dort gestorben ist und dort begraben liegt. Eine Vielzahl von Büchern westlicher Autoren ist zu diesem Thema bereits erschienen. Sie alle belegen das, was der Begründer der Ahmadiyya Muslim Gemeinde, Hazrat Mirza Ghulam Ahmad, der die Wiederkunft von Jesus repräsentiert, auf Geheiß Gottes verkündet hatte. Durch ihn sollte der Irrglaube der Christen von Erlösung durch den Kreuzestod von Jesus entlarvt werden, durch ihn sollte der Aberglaube der Muslime, ein anderer, der Jesus ähnlich sah, sei an dessen Stelle getötet worden, als Hirngespinst enttarnt werden. Der Verheißene Messias Hazrat Mirza Ghulam Ahmad schrieb dazu das wegweisende Buch: »Jesus starb in Indien«, in dem er ausführlich Beweise aus Bibel und Qur-ân, aus Medizin und Geschichtskunde aufführte. In ihm schrieb er die folgenden Zeilen, mit denen ich meine Rede beschließen möchte:

»Es war der Verheißene Messias, durch dessen Hände das ›Brechen des Kreuzes‹ zustandegebracht werden sollte. Der Hinweis in der Prophezeiung ist der, daß in der Zeit des Verheißenen Messias Gott Umstände schaffen würde, die die Wahrheit über die Kreuzigung bloßlegten. Dann würde das Ende kommen, und der Glaube an das Kreuz würde seine Lebenspanne beenden, nicht jedoch durch Krieg oder Gewalt, sondern allein durch himmlischen Einfluß, der sich selbst der Welt in Gestalt von Argumenten und Entdeckungen sichtbar machen würde.« (Jesus starb in Indien, Seite 73)

Die Kreuzigung Jesu und ihre Auswirkungen auf das Abendland und das Morgenland

von Hadayatullah Hübsch

»Glauben heißt Nicht-Wissen«. Dieses geflügelte Wort des Westens umreißt die Position, die Religion in den vergangenen 2000 Jahren erlangt hat. Nicht die Gewißheit, mit einem lebendigen Gott zu kommunizieren, steht im Mittelpunkt der Volksmeinung; nicht die Tatsache, daß wir einen Schöpfer haben, der unsere Gebete hört und beantwortet, sondern eine nebulöse Vorstellung, in der die Hoffnung, daß es einen Gott geben muß, zwar noch vorhanden ist, indes, sie wird überlagert von dem doktrinären Zwang des offiziellen Christentums, eine fantastisch anmutende Geschichte als Garant für ein Weiterleben nach dem Tode akzeptieren zu müssen. Eine undifferenzierte Liebe als alleinseligmachendes Mittel wird gefordert, während die Vernunft, das, was den Menschen vom Tier erhebt, beiseite gefegt wird wie ein schmutziger Wischlappen. Was ist das für ein Gott, der jene, die an ihn glauben wollen, entgegengesetzt all der Gesetze, die er verkündet hatte, vor den Kopf stößt, indem er seinen Sohn, an dem Wohlgefallen zu haben er durch Offenbarung verkündete, verzweifeln läßt, dadurch, daß er ihn wider alle Versprechen in einen Tod führt, der durch keinen Hinweis von ihm als der Wendepunkt in der Geschichte der Menschheit zuvor angegeben worden war. Jesus flehte zu Gott unter Tränen, ihn vor einem schmachvollen Tod zu bewahren. Nehmen wir aber die Interpretationen der Christen ernst, hielt Gott

Sein Versprechen, Seinen Geliebten Propheten vor dem Untergang zu erretten nicht. Was soll das für einen Sinn haben? Warum hat Gott Sein Versprechen nicht gehalten? Die Christen stehen besinnungslos vor dieser Frage. Sie konstruieren sich einen abenteuerliches Dogma zurecht, ohne den plausiblen, logikgemäßen, vernünftigen Einsichten und Interpretationen Gehör zu schenken. Für sie war Jesus zum Fluch geworden und dadurch, welche Logik! hat er die Menschheit erlöst. Gilt denn nicht mehr der Weg Gottes, den Er durch die Jahrtausende all den Seinen gezeigt hat, daß nur die Nähe zu Ihm Erfolg verleiht? Ist denn Sein Paradies, nämlich von Ihm angenommen zu sein und mit Ihm in einer Gemeinschaft zu leben, auf einmal nicht mehr wahr? Ist aus dem Segen, in dessen Schatten Moses und Buddha, Abraham und Krischna lebten, plötzlich die Hölle geworden? Was ist das für eine verkehrte Welt? Was für eine Lebensphilosopie entspringt solchem Denken?

In den Alltag übersetzt, verheißt die Theorie, daß Gott die Gebete von Jesus, ihn nicht sterben zu lassen, unverständlicherweise nicht erhört hat, daß also seine Feinde, die Juden, Grund zum Triumphieren hatten, daß wir nicht sicher sein können, daß der Allmächtige in Zeiten größter Gefahr auf der Seite derer ist, die Ihm gegenüber Gehorsam erweisen. Jeder Christ, der betet, sieht sich in einem unlösbaren Zwiespalt. Auf der einen Seite steht das Wort Jesu, das Versprechen, daß wer nur soviel Glauben hat wie ein Senfkorn, größere Wunder vollbringen kann als Jesus. Es steht da die Aufforderung des Messias, ihm nachzufolgen, da er und Gott eins seien. Jesus nachzufolgen hieß, so zu beten, wie er betete. Und so gewiß zu sein wie er, daß Gott seine Gebete erhören und beantworten würde. Auf der anderen Seite steht die Lehrmeinung, daß in der fürwahr kritischen Situation, in der das Gebet auf dem Prüfstand war, Gott die Gebete nicht erhörte. Daß der Glaube also angeblich nichts wert war. Daß wir demzufolge hilfloser Spielball eines unberechenbaren, treulosen Gottes sind, dessen Liebe zur Zeit der Gefahr in die Forderung nach einem grausamen Opfer umschlägt. Wie kann ein Mensch mit solchem Zwiespalt wahrhaft glauben? Die Christen waren in den letzten zweitausend Jahren immer wieder hingerissen zu der natürlichen Wahrnehmung ihrer Vernunft, die Einsichten verlangte und ein Handeln, daß der Natur des Menschen und seiner moralischen wie intellektuellen Evolution angemessen ist. Dieses Denken führte zu großartigen Errungenschaften. Andererseits wurde von ihnen etwas Vernunftwidriges verlangt, etwas, was weder durch ein ausführliches, einsichtsvolles Studium der Bibel, noch durch ein eigenständiges Nachdenken mit dem von Gott gegebenen Verstand begriffen werden konnte. Nämlich das Akzeptieren eines Treuebruchs als Beweis für die Erhabenheit des Göttlichen. Ihre Ethik verlangte nach solcher Moral wie Treue. Ihrer spirituellen Veranlagung leuchtete die überragende Größe von Freundschaft ein. Aber ihr Glaube sah sich gezwungen, in diese Vorstellung von hoher Moral einen Moment der Unabwägbarkeit einzubauen. Wenn Gott entgegen Seiner Versprechen – angeblich im Auftrag einer höheren Sinnstiftung – handelte, wie konnte da vom Menschen verlangt werden, allen Versuchungen zu widerstehen und sich selbst treu zu bleiben, keinem verlokkenden Kalkül zu folgen, die Treue zum Ehepartner so hoch zu stellen, daß ein Bruch ein von allen würdigen Menschen verdammtes Verbrechen werden würde.

Wenn die Grundlage nicht stimmt, kann kein Haus sicher gebaut werden. Der unlösbare Zwiespalt, den der angebliche Kreuzestod schuf, setzte sich im Denken der Christen und ihrem darauf fußenden Verhalten fest. Ihr Glauben war eine Pflichtübung, gespeist aus dem natürlichen Wunsch, das Gute zu tun, aber zur bloßen Theorie verdammt, weil ihr der Einklang mit einem Gesetz Gottes fehlte, das vollziehbar wäre.

Was von ihnen durch diese unselige Theorie von der Sündenvergebung durch den Kreuzestod verlangt wurde, war nicht gemäß ihrer Natur. Es war ein widernatürliches, letzlich abergläubisches Verhalten, in dessen Nachfolge sie sich gesetzt sahen. Glauben wurde zum Spielball einer anti-menschlichen Fantasie. Glauben wurde zum Inbegriff des Nicht-Wissens, des Nicht-wirklich-sicher-Seins. Glauben und Zweifel wurden miteinander untrennbar verknüpft. Es gab keine Heilsgewissheit, ein Paradies auf Erden, das eine wahre Kommunikation mit Gott hervorbringt, war unvorstellbar. Wer wider alle Vernunft glauben wollte, mußte dies um den Preis der Verleugnung der Natur tun. Indes, es gab keine Gewißheit. Es gab nur den abstrakten Glauben, der letzlich nichts nutzte, weil er keinen Beweis zustandebrachte. Daß Christen dennoch ihr Ego so bekämpften, daß sie selbstlos Gutes tun konnten, ist nicht der Beweis für den leuchtenden Charakter der christlichen Lehre, sondern nur der Beweis dafür, daß sie trotz des nicht lösbaren Zwiespaltes in ihrer Lehre einem guten Vorbild folgten. Nicht ihr Glauben war das Bewegende, sondern ihr Tun. Der Schatten des Zweifels lag dennoch über ihnen, denn sie hatten keine alle Grenzen sprengende Überzeugung, daß Gott den Seinen immer hilft, ich betone, immer! Ihr Wissen um Gott blieb lückenhaft. Der klare Glanz der Gewißheit wich dem nebulösen Rausch, einem trotzigen ›Dennoch‹, das durch keine göttliche Tat bewiesen wurde. Das stereotype Wiederholen von Formeln à la ›Jesus lebt‹ ersetzte die nüchtern-heilige Einsicht, was notwendig war. Wie unter einer Droge standen sie im Kampf gegen vernunftgemäße Beweggründe und setzten all ihre Kräfte ein, um mit ihren versponnenen Ideen auch andere süchtig und damit weltfremd zu machen. Die Irrealität und die Ohnmacht wurden zur antreibenden Macht. Wer dagegen aufmuckte, wer der menschlichen Natur folgen wollte, wurde grausam bekämpft. Denken und Glauben waren entgegengesetzte Paare. Sie versuchten, Jesus nachzuahmen, ohne wie er wirklich Kontakt mit Gott zu haben. Als ein Prophet erschien, um die Menschen mit ihrer zu Gott hinstrebenden Natur zu versöhnen und Wunschdenken durch die Heilkraft der tatsächlichen Verbindung mit Gott aufzuheben, verleugneten sie ihn. Sie beschimpften den Heiligen Propheten Muhammad, Friede sei auf ihm und der Segen Gottes, trotz all der Zeichen, die er brachte, als Verkörperung des Satans, so wie die Juden seinerzeit ihren Messias zum Verfluchten machen wollten. In ihrem Glauben gab es keine Freiheit, er lebte vom Zwang, all das ablehnen zu müssen, was Gott zuvor durch Seine Propheten gelehrt hatte: nämlich ein Band mit Ihm zu knüpfen, das nicht zerbricht, das im Alltag wie im Feiertag, in Verfolgung wie in Sicherheit nicht reißt.

Es ist unbenommen, daß es Christen guten Glaubens gibt, die auf eine Antwort von Gott hoffen; und sicherlich werden ihre Gebete bisweilen erhört, so, wie die Gebete von Hindus oder Andersgläubigen bisweilen erhört werden. Gott ist kein unbarmherziges Wesen, das kollektiv verdammt. Aber im Vergleich zu dem, wofür die Menschen bestimmt sind, in diesem Leben wie im Nächsten, ist die spirituelle Entwicklung, zu der die Christen gelangt sind, kaum erwähnenswert. Ich rede nicht von dem Bemühen der Christen, Nächstenliebe zu praktizieren. Ich rede davon, daß sie in ihrer spirituellen Evolution verkrüppelt sind. Was sonst sollte die Lehre, daß Gott nur durch die Opferung Seines Sohnes die Menschheit erlösen kann, bewirken? Selbst die Christen, die an diese Form der Erlösung nach Kräften glaubten, mußten feststellen, daß ihre tatsächlich empfundene Sünde dadurch nicht vertilgt wurde. Sie sündigten weiter. Oder wurden in qualvolle psychische Zustände getrieben, weil ihr Glaube nicht dazu verhalf, daß sie tatsächlich sündenfrei wurden. Die spirituellen Fähigkeiten des Menschen bedürfen besonderer Nahrung. Nicht aus der Erde stammt sie, sondern sie kommt vom Himmel. Diese Nahrung ist die Erfahrung der Gegenwart Gottes, das Schauen Seiner Zeichen, ein Empfinden Seiner Kommunikation. All dies kann, so berichten uns die Muslime, durch die Sinne des Menschen erfahren werden. Gott spricht nach wie vor zu denen, zu denen Er sprechen will. Wir nennen dies »Offenbarung«, Mitteilungen aus dem Ungesehenen durch Wort, Licht, Ton, Geruch, Traum undsoweiter. Im Christentum ist diese Ebene der Wege Gottes, von der Seine Bücher und Seine Heiligen künden, total verkümmert. Anstelle einer lebendigen Kommunikation ist das starrsinnige Beharren auf Behauptungen getreten, Behauptungen, die nach dem Motto, je öfter man sie wiederholt, desto eher werden sie geglaubt, den Menschen eingetrichtert werden. Ohne indes irgendeinen befreienden Moment in sich zu haben, ohne daß sie mehr bewirken als eine besinnungslose Nachfolge, die auf Mutmaßungen beruht.

Das Ergebnis solchen Verhaltens ist ein Stagnieren der Religion auf der Ebene des schönen Scheins. Jedoch zeitigt es auch unliebsame Reaktionen. Die Kultur- und Geistesgeschichte des Abendlandes wird geprägt von denen, die den Konstruktionen des Christentums ihre privaten, auf Forschungen und Beobachtungen gründenden Konstruktionen gegenübersetzten. Von Hegel bis Newton, von Shakespeare bis Goethe, von Kopernikus bis Voltaire zeigen die großen Geister des Abendlandes, daß sie als Antwort auf die naturwidrige Doktrin des Christentums, die zu Tyrannei und Heuchelei allenthalben geführt hatte, eine Entwicklung ihres Selbst setzen mußten, die von Erfahrungen geprägt war, die den Angelpunkt des christlichen Glaubens, den Kreuzestod, negieren mußten. Eine Spaltung in den Völkern vollzog sich. Hier die Macht der Kirchen und der Staaten, dort die Macht des Wissens, der Erkenntnis. In der Folge kam es zu einem Denken der Rebellion. Religion war nicht länger der Hort des sinnvollen Nachdenkens unter dem Schutz und der Leitung Gottes, eine Anwendung der höchsten menschlichen Fähigkeiten, Religion war Opium fürs Volk, eine beweihräuchernde, verunsichernde, den Fortschritt tötende Droge. Anstatt die Weisheit Gottes und die Seiner Gesandten in ihr Denken einzubeziehen, folgten die Dichter und Denker ihrem eigenen Sinnen und Trachten. In ihm war sehr wohl noch Platz für Gott, aber nicht in der logischen Nachfolge Seines Heilsplans, sondern im Sinne eines Unabwägbaren, eines Möglichen und nicht Auszuschließenden. Wie gesagt, nicht das Wissen und die Eigenschaften und Wege Gottes waren Glauben, sondern das Nicht-Wissen. Ein Nicht-Wissen, das in der Ungewißheit und dem Zweifel gründete, wie Gott wohl reagieren würde, da Er doch noch nicht einmal die Gebete dessen erhört hatte, der Ihm angeblich am Nächsten gestanden hatte.

›God is a concept to measure pain‹, sang John Lennon in unseren Tagen, Gott ist ein Konzept, um den Schmerz zu messen. Zu mehr reicht es nicht mehr. Ein Konzept, eine Idee, eine vage Vorstellung ist Gott, nicht, wie einst, ein allmächtiges, liebevolles Wesen, das Seine Geschöpfe aus der Dunkelheit zum Licht führt, aus der Prüfung des irdischen Lebens zur Heimstatt des geistigen Lebens nach dem Tode leitet. Wenn der Weg Gottes nicht eindeutig und klar ist, wenn Er scheinbar Seine Gesetze launisch bricht, wenn auf Ihn kein Verlaß mehr ist, wie es uns die gängige Interpretation der Kreuzigung Jesu suggeriert, dann ist letztlich unser religiöses Verhalten nicht mehr wert als ein Glücksspiel. Wir sollen uns bemühen, gut zu sein, ja, aber wir können nicht wirklich etwas tun, um uns in Sicherheit zu bringen. Stattdessen sind wir gezwungen, uns dadurch in Sicherheit zu wiegen, daß wir an die Wirkung eines abstrakten Modells glauben, das noch nicht einmal von seinem Mittelpunkt, Jesus, geglaubt oder gar erklärt wurde. Die westliche Welt hat mit solchen Spekulationen die Erde in Unruhe versetzt. Weit davon entfernt, Gutes zu tun in der Gewißheit, daß Gott über unser Handeln einst richten wird, hat der Glaube an den Kreuzestod der Willkür und der Schrankenlosigkeit Tor und

Tür geöffnet. Im Namen des Kreuzes wurden Zivilisationen ausgerottet und Unzählige getötet. Blinde Unterwerfung wurde gefordert. Und dem Aufstand der Natur hatte man nichts als Worte entgegenzusetzen. Von Jesus und seiner Mission waren nichts als Geschichten übriggeblieben, mit denen man die Massen zu betören versuchte, mit denen eine sinnlose Wundergläubigkeit angeheizt werden sollte. Der menschliche Geist hat sich dagegen aufgelehnt. Er versank im Wahn oder produzierte Halluzinationen, er brütete Theorien aus, die, wie der Marxismus-Leninismus, Millionen gutgläubig in den Abgrund stießen. Nicht, daß ihre Erkenntnisse in allem falsch gewesen wären, nur war die Ablehnung der Wirkungsweise Gottes, die eine Reaktion auf die vernunftwidrige Doktrin des Christentums gewesen ist, Ursache dafür, daß aus den richtigen Ansätzen nicht die richtigen Schlußfolgerungen gezogen wurden.

Ein Leben mit Gott schien hingegen zur bloßen Gaukelei verkommen. Wer glaubte, mußte dran glauben. Die Entwicklung der Menschheit rannte ihm davon. Auf die Fragen der Zeit, auf die Irrfahrten der menschlichen Bedürfnisse, gab die Lehre vom Kreuzestod keine Antwort. Schablonendenken statt Innovation, Formeln statt menschennaher Erfahrung waren die Forderungen. Als Ergebnis haben wir ein Abendland, das unrettbar aus den Fugen bricht. Die Auswüchse der menschlichen Kreativität, die sich nicht länger in die Zwangsjacke eines Erlöserglaubens pressen lassen wollte, der in der Tat nirgendwo zu einer Erlösung geführt hatte, überfluten die Menschheit mit den ausgefallensten, perversesten und abstrusesten Reizen, denen eine haltlos gewordene Welt blind folgt. Nicht den neuen Himmel und die neue Erde einer geistigen Welt, in der Religion realistische Lösungen und Wege bietet, hat die Lehre vom Kreuzestod hervorgebracht, sondern eine Überflutung durch einen Materialismus, in dem die Rufe nach einem Gott, der die Gebete erhört, verhallen.

Jesus wurde zu Superstar, der die billigen Erwartungshaltungen einer fehlgeleiteten Spiritualität auf dem Niveau einer Schnulze erfüllen soll. Nicht Aufklärung mit Gott, sondern Betörung durch einen zum Gott stilisierten Menschen ist das Motto. Alle, die weiter denken als bis zur nächsten Phrase, alle, die sich nicht vom Taumel eines marktschreierischen Anpreisens eines Bilderbuchmessias übertölpeln lassen wollen, fühlen sich abgestoßen und gebrandmarkt. Glauben wird, von Ausnahmen abgesehen, zur Gefühlsduselei. Der Tod am Kreuz zum Schauer erweckenden Medienspektakel. Und die, die die Bibel mit dem Geist der Heiligekeit lesen und interpretieren, werden als Spinner gescholten. Ist es denn so schwer zu glauben, daß Gott den fürchterlichen Irrtum mancher Jesus-Anhänger dadurch korrigiert hat, daß Er den Heiligen Qur-ân mit unmißverständlichen Worten herabgesandt hat? Kann denn eine Welt den erleuchtenden Versen des Qur-ân auf die Dauer widerstehen? Sicher, wer nicht glauben will, den kann man nicht zwingen. Gott Selbst hat die Glaubensfreiheit zu einem Maßstab Seines Handelns gemacht. *»Laßt den gläubig sein, der will, und den ungläubig sein, der will«*, verkündet Gott uns im Heiligen Qur-ân in der Sure 18 Vers 30. Aber Er sagt auch: *»Ruf auf zum Weg deines Herrn mit Weisheit und schöner Ermahnung.«* (16 : 126).

Für unsere Zeit hatte der Prophet Muhammad, Frieden und Segen Gottes seien auf ihm, prophezeit, daß Jesus wiederkommen würde, um das Kreuz zu brechen. Allerdings, so lehrt uns ein Studium der Heiligen Schriften, würde nicht der historische Jesus wiederkommen, dessen Körper in der Erde ruht und dessen Seele im Paradies bei Gott ist. Der Verheißene Messias würde eine Person sein, die wie Jesus zu Gott aufrufen würde und die Einheit Gottes und das Wirken all Seiner Eigenschaften verkünden würde. Dies ist durch Hazrat Mirza Ghulam Ahmad, Friede sei auf ihm, dem Begründer der islamischen Reformbewegung Ahmadiyya Muslim Jamaat geschehen. Durch ihn sollte das Kreuz gebrochen werden. Nicht physisch, sondern indem durch ihn und seine Nachfolger das wahre Wesen der verderbenbringenden Doktrin vom Kreuzestod Jesu aufgedeckt und die Wahrheit über die Kreuzigung Jesu und seine Errettung vom verfluchten Tod am Kreuz erklärt würde. In gewisser Weise ist das auch für die Muslime von Wichtigkeit. Zwar glauben sie nicht an eine Erlösung von den Sünden durch den Kreuzestod, sondern daran, daß jeder Mensch durch richtiges Beten und glaubensgemäßes Handeln einen Zustand erreichen muß, in dem er nicht mehr sündigt. Aber in den Glauben der Muslime hatte sich eine abergläubische Vorstellung von den Umständen der Kreuzigung breitgemacht, die symptomatisch für ein irrationales Denken und Glauben steht, die dem Charakter der qur-ânischen Lehre fundamental widersprechen. Ein Denken und Glauben, die die Wirkungsweise der Muslime gelähmt haben und dafür verantwortlich ist, daß aus der blühenden islamischen Gesellschaft von einst eine marode Ansammlung von Individuen geworden ist, die sich an Sprüchen und Widerspruchsgeist delektieren, anstatt die Probleme unserer Zeit mit Gottesvertrauen und Gottesfurcht anzugehen.

Die Muslime glauben mehrheitlich, daß nicht Jesus gekreuzigt worden ist, sondern ein anderer, der ihm ähnlich sah. Jesus indes sei lebendig in den Himmel aufgefahren. Die Unsinnigkeit eines solchen Glaubens liegt indes auf der Hand. Hätte der andere, der auf einmal Jesus so ähnlich sah, daß weder Römer noch Juden noch die Jünger es merkten, nicht laut protestieren müssen? Warum hätte er sich, unschuldig wie er doch wohl gewesen war, nicht zur Wehr setzen sollen? Sind denn alle Aussagen der Evangelien erlogen? Oder hat dieser Mensch, der Jesus so ähnlich gesehen hat, dessen Rolle mit übernommen und am Kreuz wie ein echter Messias agiert? Warum hat Gott denn zu einem solchen

Täuschungsmanöver greifen müssen, durch das ein Mensch, von dem zuvor nichts bekannt war, unschuldigerweise ermordet wurde?

Der Heilige Qur-ân belegt diese wundersame These nicht. Ihm zufolge ist Jesus eines natürlichen Todes gestorben. Und den Juden erschien Jesus nur wie einer, der den Kreuzestod erlitten hatte. Der Qur-ân legt Wert darauf, daß die Gläubigen nachdenken, daß sie von ihrer Vernunft Gebrauch machen. Er fordert einen Glauben aufgrund von Erfahrungen, Erkenntnissen und daraus zu ziehenden Schlußfolgerungen. Ihnen zufolge hat der Gläubige in Geduld, aber mit Tatkraft, den Spruch Gottes abzuwarten. Die Muslime haben sich von der Erfindung ihrer Schriftgelehrten indes hinters Licht führen lassen. Anstatt den Qur-ân ernst zu nehmen und abzuwarten, bis Gott das Geheimnis um die Kreuzigung lüftet, haben sie in wilden Erklärungen Zuflucht gesucht. Ähnlich wie im Christentum waren diejenigen, die sich den selbsterdachen Interpretationen der Schriftgelehrten nicht unterwerfen wollten, zu einem Leben im Abseits verurteilt, wenn sie nicht gar verfolgt wurden. Gegen das Gebot des Qur-ân, durch das die Glaubens- und Gewissensfreiheit festgesetzt wird, haben sich die Mullas zum bestimmenden Machtfaktor aufgeschwungen. Sie wollen eine Welt des Glauben-Müssens, um so ihre selbstherrlichen Vorstellungen von einem gottgefälligen Gemeinwesen in die Tat umsetzen. Das, wofür einst der Islam stand, nämlich Entdeckergeist und Inspiration, Forschung auf den Grundlagen der Erklärungen und Weisheiten des Qur-ân und eine tolerante, liebevolle Umgangsform der Menschen miteinander, verkamen zum mutwilligen wuchernden Gespinst aus Täuschungen und lügnerischen Erfindungen. Ähnlich wie im Christentum, wenngleich nicht in der großen, überstürmenden Dimension, weil im Islam niemals gefordert wurde, zu glauben, daß ein Mensch auch Gott sein könne, rebellierten die intellektuellen

Muslime gegen einen vernunftwidrigen Glauben, für den symptomatisch die lächerliche Vorstellung steht, Gott habe Jesus dadurch gerettet, daß Er einen anderen an dessen Stelle töten ließ. Das Ergebnis ist eine Zerrissenheit im muslimischen Lager, die sie handlungsunfähig macht. Oder die sie zu Machtspielen verleitet, die den Islam als Vorwand benutzen, um die von der Vorbildlichkeit des Propheten Muhammad (Frieden und Segen Allahs seien auf ihm) und der Heiligkeit des Qur-ân nach wie vor faszinierten Massen auszunutzen. Buchstabengläubigkeit wird von ihnen auch da verlangt, wo ein Verstehen gefragt ist, wo Allah durch eine bildliche Ebene spricht. Andererseits kehren sich die Denker und Dichter der islamischen Völker total vom Islam ab, weil sie nicht gelernt haben zu differenzieren. Die Kreuze auch dieser beiden Antipoden zu brechen, ist der Verheißene Messias Hazrat Mirza Ghulam Ahmad, Friede sei auf ihm, gekommen. Durch ihn haben wir wahres Wissen von Gott und Seinen Wegen wieder erlangt. Glauben ist nicht länger Nicht-Wissen, sonder ein Aufbauen unseres Lebens auf den Offenbarungen, in denen und durch die Gott uns Seine Eigenschaften und Wirkungsweisen erläutert und deutlich macht. Abend- wie Morgenland haben kühne Hirngespinste um den Vorfall der Kreuzigung gewunden. Es ist an der Zeit, daß wir uns auf den Wahrheitsgehalt der Schilderungen der Kreuzigung besinnen und die üblen Folgen ihrer Verschleierung beseitigen.

Im Namen Allahs, des Gnädigen, des Barmherzigen

Wahrlich, die wahre Religion vor Allah ist Islam.

Die Wahrheit über die Kreuzigung von Jesus

Ansprache von Hazrat Mirza Nasir Ahmad,
Khalifatul Massih III,
anläßlich der Internationalen Konferenz
über die Errettung Jesu vom Kreuz
im Commonwealth Institut, London, vom 2. bis 4. Juni 1978.

Wir preisen Ihn und rufen Segnungen herab auf Seinen edlen Gesandten und auf Seinen Diener, den Verheißene Messias.

Alle Würdigkeit vollkommenen Preises gebührt allein Allah, Der der Eine ist und Dem niemand gleich ist.

Der Bereich dieser Konferenz ist sehr weit, und er hat viele Verzweigungen. Sie haben verschiedene Darlegungen des Hauptproblems von unterschiedlichen Seiten her gehört. Ich werde mich selbst darauf beschränken, Ihre Aufmerksamkeit auf einige fundamentale Überlegungen zu ziehen, die Sie in die Lage versetzen sollten, die ganze Angelegenheit aus ihrer richtigen Perspektive zu betrachten und zu der richtigen Schlußfolgerung zu gelangen.

Gott und Seine Wesenszüge

Die Einheit Gottes ist die grundlegende Realität des Universums. Gott ist Eins und hat keinen Partner. Nichts und niemand ist Ihm gleich. Er ist Einzigartig in Seinem Wesen und Seinen Eigenschaften. Kein Wesen ist gleich Seinem Wesen, noch sind die Eigenschaften von irgendetwas Seinen Eigenschaften gleich. In Seinem Wesen so gut wie in Seinen Eigenschaften ist Er Ewig und Immer-Existierend und Unveränderlich. Sein Wissen umfaßt alles, das offenbar ist und alles, das verborgen ist. Er kennt das Offensichtliche und das Geheime aller Dinge. Sein Wissen ist Ihm innewohnend und nicht von irgendeinem Lehrer verliehen oder hergeleitet worden, und es ist ohne Grenzen; während das Wissen des Menschen eines Lehrers bedarf und begrenzt ist.

Gott ist Eins und ohne Partner. Er hat keinen Sohn und keine Gattin. Er manifestiert Sich Selbst gegenüber Seinen rechtschaffenden Dienern durch Visionen, aber Er hat weder Gestalt noch Form.

Gott besitzt alle vollkommenen Eigenschaften und manifestiert alle preiswürdigen Qualitäten. Er ist die Quelle alles Guten und umfaßt alle Macht. Er ist Schöpfer von jedem Ding und ist der Meister von allem. Alle Gnade geht von Ihm aus und Er bestimmt alles. Er hat eine persönliche Beziehung mit jedem Ding. Alles Leben stammt von Ihm ab und wird durch Ihn unterhalten. Er besitzt jegliche Vollkommenheit und ist frei von jedem Makel, jedem Fehler und jeder Schwäche. Er allein ist der Verehrung von allen, die auf der Erde und im Himmel sind, wert.

Der Mensch kann den Zweck seines Lebens nicht aus sich heraus bestimmen, insofern, da er in diese Welt nicht aus seinem eigenen Willen heraus gekommen ist, noch sie durch seine eigene Wahl verläßt. Er, Der den Menschen geschaffen hat, Er allein kann ihn über den Zweck informieren, zu dem er geschaffen worden ist. Er hat im Heiligen Qur-ân offenbart:

»Ich habe die Menschen, hoch und niedrig, nur geschaffen, damit sie Mich verehren« (51 : 57)

Der Mensch ist aufgefordert, Gott nicht durch Zwang, sondern aus seiner eigenen Willensentscheidung heraus zu verehren. Um ihn dazu in die Lage zu versetzen, hat Gott ihm zwei grundlegende Fähigkeiten verliehen. Einmal ist ihm die Fähigkeit verliehen worden, durch die er seine niedrigen Leidenschaften unterdrücken kann und sich selbst gegen Sünde schützen kann. Zweitens ist ihm die Fähigkleit verliehen worden, durch die er auf eine Stufe in der Liebe Gottes gelangen kann, auf der er alles, das außer Gott existiert, vergißt. Zur Handhabung dieser beiden Fähigkeiten hat Gott die Menschen mit himmlischer Leitung und himmlischem Gesetz versorgt.

Was heißt Erlösung?

Die Christen unterstellen sich der Lehrmeinung, daß Gott die Welt so geliebt hat, daß Er, um dem Menschen Erlösung zu verschaffen, die Bürde der Sünden der gesamten Menschheit auf Seinen Sohn Jesus legte und ihn zu einem Verfluchten machte, indem sein Tod am Kreuz zustandegebracht wurde. Einigen zufolge verbrachte Jesus drei Tage und drei Nächte in der Hölle als Sühne für die Sünden der Menschheit und wurde dann wieder zum Leben gebracht, wodurch er die Mittel der Erlösung für jene bereitstellte, die an ihn glauben möchten. Auf diese Art wurde der Konflikt zwischen dem Göttlichen Attribut der Gerechtigkeit, das Bestrafung erforderte, und dem göttlichen Attribut der Barmherzigkeit, das Vergebung forderte, gelöst.

Islam ist der Meinung, daß diese Vorstellung sich gegen die Vernunft vergeht und von jedem Standpunkt aus unannehmbar ist. Wenn man sie von dem Gesichtspunkt der Gerechtigkeit her betrachtet, ist es ganz klar ungerecht, daß ein Unschuldiger für die Sünden der Schuldigen bestraft werden sollte. Von der Betrachtungsweise spiritueller Philosophie her bedeutet Sünde Rebellion gegen Gott und Seine Gebote, wodurch man Seiner Liebe beraubt wird. Wie kann der Mensch zum Gehorsam und zur Liebe zu Gott, den Sohn, des Gehorsams und der Liebe zu Gott, dem Vater, beraubt?

Islam lehrt, daß um Gott zu finden, es notwendig ist für eine Person, alles Übel zu scheuen und dies kann nur durch solche eine Erkenntnis von Gott dem Allmächtigen erreicht werden, die das Herz mit der Realisation von Gottes Majestät und Größe erfüllt und Ehrfurcht vor Ihm in die menschliche Seele senkt. Um die Liebe Gottes zu gewinnen, ist es notwendig, Ihn in einem Ausmaß zu lieben, in dessen Folge man sich selbst vollständig in Gott verliert und ein neues und reines Leben von Ihm erhält.

Da es die höchste herausragende Leistung eines Menschen ist, Göttliche Liebe zu gewinnen, was von den Zeugnissen von Millionen von Rechtschaffenden bezeugt wird, folgt daraus, daß der wahre Zweck des menschlichen Lebens darin besteht, Gottes Liebe und Nähe zu Ihm zu gewinnen. Islam lehrt, daß vollkommene Erkenntnis Gottes die Wurzel der Ehrfurcht vor Ihm, der Liebe zu Ihm und der Hochschätzung von Ihm ist. Demjenigen, dem vollkommene Erkenntnis gewährt wird, wird auch vollkommene Furcht und vollkommene Liebe gewährt.

Des Menschen wahre Liebe zu Gott zieht die Liebe Gottes an und der wahrhaft Liebende Gottes, der Gott voll und ganz geweiht ist, wird im Gegenzug der von Gott Geliebte. Solche wahrhafte und vollkommene Liebe kann nicht gemeinsam mit dem Zorn Gottes und dem Feuer der Hölle bestehen.

Eines der Zeichen solcher vollkommenen Liebe ist, daß solch ein Liebender den Ungehorsam gegenüber seinem Geliebten und Sein Mißfallen als ein Gift ansieht, und zu jeder Zeit aufmerksam ist, damit nicht in Folge einer Sünde oder eines Ungehorsams seinerseits sein Geliebter sich von ihm abtrennt.

Somit ist derjenige, dem vollkommene Furcht und vollkommene Liebe gewährt wird, gegen alle Sünden geschützt, insofern, als Sünde von Furchtlosigkeit oder Dreistigkeit ausgeht. Dies ist wahrhaftige Erlösung, und für solch eine Erlösung brauchen wir nicht irgendwelches Blut oder irgendeine Kreuzigung, noch benötigen wir irgendein Sühneopfer. Alles, was wir benötigen, ist das Opfer des Egos. Dies erfordert, daß die Aufziehung und Entwicklung unserer natürlichen Fähigkeiten unter der Leitung des Einen Wahren Gottes vollzogen werden soll, Der auch der Schöpfer unserer Natur ist.

Gott ist die Quelle aller Schönheit und allen Lichtes. Seine Güte ist so riesig, daß Seine Wohltaten und Gunstbeweise ohne Zahl sind. Solche Schönheit und Güte prägt jedem Herzen die Wahrheit ein, daß jegliches vollkommene Vergnügen in Gott zu finden ist und daß von Ihm abgeschnitten zu werden, verderbenbringende Hölle bedeutet. Somit ist es unmöglich, daß wahrhafte Erkenntnis und Ungehorsam in einem menschlichen Herzen zur selben Zeit Raum finden können.

Erlösung bedeutet nicht nur Errettung von der Bestrafung der Sünde. Erlösug bedeutet die Erreichung jenes ewigen Glückes, nach der die menschliche Natur dürstet und die nur durch wahrhafte Erkenntnis Gottes erlangt werden kann, durch vollkommene Furcht und vollkommene Liebe und die Errichtung einer wahrhaften und starken Verbindung zu Gott.

Gerechtigkeit und Barmherzigkeit sind vereinbar

Ein Nachsinnen über die Bedeutung von Gerechtigkeit und Barmherzigkeit ergibt, daß zwischen beiden kein Konflikt besteht. Gerechtigkeit bedeutet, daß die Rechte der Menschen geschützt werden sollten, und daß dann, wenn eine Person sich gegen eine andere vergeht, derjenigen, der Unrecht zugefügt wurde, ihr Recht ausdrücklich wiedergegeben werden soll, und daß, falls das nicht möglich sein sollte, sie auf gerechte Weise Wiedergutmachung erfahren sollte, und daß derjenige, der sich vergangen hat, entsprechend zur Rechenschaft gezogen werden sollte, so daß die Ordnung aufrechterhalten wird und Unrecht unterdrückt wird.

Gerechtigkeit kommt als ein Ergebnis von Vernunft und Regelung ins Spiel. Das Konzept von Gerechtigkeit enthält auch das Konzept des Gesetzes. Es ist das Göttliche Gesetz, das Rechte zwischen den Menschen festlegt. Derjenige, der vom Göttlichen Gesetz abweicht, trennt sich von der Gerechtigkeit und wird seitens Gottes der Sünde für schuldig befunden.

Die Bestrafung eines Menschen, der sich vergangen hat, durch Gott den Allmächtigen im Jenseits ist nicht ein Recht, dessen Durchsetzung von der Person, der Unrecht geschehen ist, verlangt werden kann. Falls Gott, der Allmächtige, jemandem vergeben sollte, der ein Unrecht gegen seinen Bruder begangen hat und den, dem Unrecht geschah, im Gegensatz dazu reich mit irdischen Werten entschädigt, kann es vernünftigerweise nicht gesagt werden, daß den Forderungen der Gerechtigkeit nicht entsprochen werden kann, solange derjenige, der sich vergangen hat, nicht in die Hölle geworfen wird.

Die Wahrheit ist, daß Gott, der Allmächtige, aus Seiner grenzenlosen Barmherzigkeit heraus Sein Gesetz und Seine Leitung den Nationen gewährt hat, ohne daß sie ihrerseits ein Recht darauf hatten, um so für ihr Wohlergehen zu sorgen. Aus solcher Barmherzigkeit heraus regelte das Göttliche Gesetz ihre Beziehung mit jedem anderen auf der Grundlage der Gerechtigkeit. Somit ist Gerechtigkeit tatsächlich eine Folgerung Göttliche Barmherzigkeit, und diese Quelle menschlichen Wohlergehens fließt aus jener Quelle. Hätte es keine Barmherzigkeit, keine Leitung, kein offenbartes Gesetz gegeben, und wären keine Rechte zwischen den Menschen errichtet worden, würde es kein Konzept von Überschreitungen oder von Gerechtigkeit gegeben haben.

Somit ist die Lehrmeinung, daß Göttliche Gerechtigkeit nicht ohne Sühneopfer erfüllt werden kann, bedeutungslos, und es ist ein Irrtum, daß Gerechtigkeit und Barmherzigkeit nicht in dem Göttlichen Wesen gemeinsam existieren könnten, insofern als Gerechtigkeit Bestrafung verlange und Barmherzigkeit Vergebung und Verzeihung fordere. Wie wir gerade aufgezeigt haben, ist die Gerechtigkeit Gottes auch ein Aspekt der Göttlichen Barmherzigkeit, denn sie ist zum Wohle des Menschen eingerichtet worden. Das Göttliche Gesetz, das Anlaß zum Konzept der Gerechtigkeit gibt, errichtet gegenseitige Rechte zwischen den Menschen und alle diese Rechte sind von Gott, dem Allmächtigen, eingesetzt worden, so daß Ordnung erhalten bleiben möge, und eine Gruppe nicht Unordnung dadurch schaffen sollte, indem sie sich gegen eine andere Gruppe vergeht. Alle Rechte und Bestrafungen, die sich auf Leben, Eigentum und Ehre beziehen, sind eine Manifestation der Barmherzigkeit für die Menschheit. Die Evangelien sagen nicht aus, daß Diebstahl, Unterschlagung, Raub, Mord, Faschzeugnis erlaubt sein würden infolge des Sühneopfers von Jesus, und daß die Bestrafungen, die dafür ausgesetzt sind, deswegen hinfällig werden. Jedes Vergehen bringt seine eigene Bestrafung mit sich, die immer noch von den Gerichtshöfen angewendet wird.

Der Glaube, daß Gott aus Seiner unendlichen Barmherzigkeit heraus einem Menschen unbegrenzte Belohnung gewähren kann und dies in Bezug auf seine begrenzten rechtschaffenden Taten, negiert gänzlich die Auffassung, daß irgendjemand verflucht werden müßte, nur zum Zweck, daß die Erlösung des Menschen dadurch sichergestellt würde.

Die Bibel und die Einheit Gottes

Die Einheit Gottes ist wiederholt in der Bibel verkündet worden. Prophet nach Prophet war erweckt worden, um die Einheit des Göttlichen aufzurichten. Nicht ein einziger Prophet in Israel verkündete, daß Gott irgendeinen Partner hätte.

Im Sprachgebrauch der Bibel sind Menschen oftmals Götter oder Söhne von Gott genannt worden. Wenn Jesus der Sohn Gottes genannt worden ist, besitzt er keinen höheren Rang als jene, die auch Söhne genannt wurden.

Gott ist das Licht der Himmel und der Erde. Er ist Der-Aus-Sich-Selbst-Bestehende, und alles andere existiert nur durch Seine Unterstützung. Wenn Seine Unterstützung auch nur für eine Sekunde zurückgezogen würde, wäre das Universum vollkommen im Durcheinander. Dieses Mächtige Wesen, Das jegliche gute Eigenschaften besitzt und frei von jedem Makel, jeder Schwäche oder einem Fehler ist, kann niemals Tod erleiden, noch getötet werden, noch den Kreuzestod sterben.

Der Heilige Qur-ân hat die Wahrheit bestätigt, indem er verkündete, daß Jesus vom Tod am Kreuz errettet und vor einem verfluchten Tod beschützt worden war. Die Evangelien bezeugen diese Wahrheit ebenfalls, insofern, als Jesus seine Ähnlichkeit zu Jona beschrieben hat und jeder Christ weiß, daß Jona im Bauch des Wales nicht gestorben war. Wenn Jesus tot in der Gruft gelegen hätte, was für eine

Ähnlichkeit hätte dann zwischen ihm und Jona bestanden.

Es ist auch wohl bekannt, daß Jesus nach seiner Errettung vom Kreuz seine Wunden seinen Jüngern zeigte. Wenn ihm ein neues Leben der Verklärung gewährt worden wäre, wie könnte es dann sein, daß die Wunden seines irdischen Lebens noch auf seinem verklärten Körper zu sehen waren?

Dies sind Mythen, auf denen die Lehrmeinung von der Göttlichkeit von Jesus konstruiert worden ist. Doch die Zeit kommt, in der Tat ist sie schon da, wenn Gott, der Allmächtige, alle diese Mythen wie winzige Partikeln hinwegfegen wird.

Tod eines Verfluchten?

Jesus war ein Gesandter Gottes und ein begünstigter und heiliger Mensch. Es ist der Gipfel der Ungerechtigkeit anzunehmen, auch nur für einen Moment, daß solch ein Auserwählter an das Kreuz gehängt wurde und, an ihm sterbend, zu einem Verfluchten wurde. Den bevorzugten Diener Gottes, des Allmächtigen, und Seinen geliebten Gesandten, die sich selbst in ihrer Liebe zu Gott verlieren und aus dieser Liebe heraus dieses sterbliche Leben beiseite legen und mit einem neuen und heiligen Leben ausgestattet werden, werden die Segnungen gewährt, damit sie in der Lage sind, andere von dem Schandfleck der Verfluchtheit zu reinigen, und sie könne nicht selbst verflucht werden. Sie mögen an das Kreuz genagelt werden, doch wenn der Tod durch die Kreuzigung in der Tat ein verfluchter Tod ist, dann wird es notwendig, daß solche auserwählten Diener Gottes von solch einem Tod errettet werden sollten und gegen seine Schande beschützt werden sollten.

Im Arabischen und Hebräischen ist die Vorstellung des

Fluches mit dem Herzen verbunden und ein Mensch kann nur dann verflucht genannt werden, wenn in Wahrheit sein Herz sich von Gott abwendet und schwarz wird und Gottes Barmherzigkeit beraubt ist und wenn ihm die Liebe Gottes fehlt und er aller Erkenntnis Gottes entleer ist und blind wird und beraubt, wie Satan, wenn er mit dem Gift der Irreleitung erfüllt ist und nicht ein Strahl des Lichtes der Liebe und der Erkenntnis Gottes erfährt und sich selbst von jeder Beziehung zu Gott abwendet und mit Groll und Haß und Feindschaft gegenüber Gott erfüllt ist, so daß Gott sein Feind wird, und er von Gott angewidert ist. Es ist somit klar, daß das Konzept des Fluches unheilvoll und unheilig ist, daß es nicht auf irgendeinen Rechtschaffenen zutreffen kann, der in seinem Herzen die Liebe zu Gott unterhält. Die Christen können nicht über die Bedeutung, daß jemand zum Verfluchten wird, zu der Zeit nachgedacht haben, als sie diese Lehrmeinung erfanden, denn wenn sie es getan hätten, ist es nicht möglich, daß sie diesen Ausdruck für einen Rechtschaffenen, wie Jesus es war, angewandt hätten. Kann es gesagt werden, daß zu irgend einer Zeit das Herz von Jesus sich in Wahrheit von Gott abgewandt hatte und Gott verneint hätte und von Gott angewidert gewesen wäre und zu einem Feind Gottes geworden wäre? Können wir uns vorstellen, daß das Herz von Jesus jemals gefühlt hat, daß es sich von Gott abgewandt hatte und zu einem Feind Gottes geworden wäre und in die Dunkelheit des Unglaubens und der Verleugnung gestürzt war? Solch eine Vorstellung ist nicht nur unvereinbar mit dem Rang des Prophetentums und der Gesandtschaft von Jesus, sondern es ist auch unvereinbar mit seinem Anspruch von Vorzüglichkeit und Heiligkeit und Liebe und Erkenntnis des Göttlichen, der wiederholt in den Evangelien erwähnt ist.

Ein Studium der Evangelien enthüllt, daß Jesus bestätigte, daß er das Licht der Welt war, ein Führer war und eine erhabene Beziehung der Liebe zu Gott innehatte, daß ihm eine heilige Geburt durch Gott gewährt worden war und er Sein geliebter Sohn war. Wie kann dann die unheilige Vorstellung des Fluches dem Herzen von Jesus zugestanden werden angesichts seiner andauernden und heiligen Beziehung zu Gott? Es ist somit ohne Zweifel bewiesen, daß Jesus nicht am Kreuz starb, insofern, als er von den Folgen eines Todes am Kreuz beschützt worden war. Da er nicht am Kreuz starb, war sein Herz völlig sicher gegen den unheiligen Zustand, zu einem Verfluchten zu werden. Weil dem so ist, gab es keine Auferstehung und keine körperliche Himmelfahrt, da dies Glieder derselben unheilvollen Kette waren.

Weitere Beweise

Die Evangelien enthüllen verschiedene andere Faktoren, die die Auffassung zurückweisen, daß Jesus körperlich zum Himmel auffuhr. Es ist nicht nötig, sie zu dieser Gelegenheit im einzelnen auszuführen. Es ist wohl bekannt, daß Pontius Pilatus Jesus für unschuldig hielt, seine Frau war mit ihrem Traum gewarnt worden, daß Jesus nicht in Schwierigkeiten gebracht werden soll, er richtete es damit so ein, daß Jesus nicht ans Kreuz geschlangen wurde, bis es Freitag-Nachmittag war, also wenige Stunden vor Sonnenuntergang; das Aufkommen eines Sturmes und die Verbreitung von Dunkelheit machten es erforderlich, Jesus sogar noch vor Sonnenuntergang vom Kreuz zu nehmen, seine Beine wurden nicht gebrochen. Unter diesen Umständen konnte ein gesunder, junger Mann von 33 Jahren, mit starkem Körperbau und einer gesunden Lebensweise nicht innerhalb einer so kurzen Zeit vom Tod überwältigt werden. Er wurde jedoch bewußlos und wurde in diesem Zustand vom Kreuz abgenommen, seine Wunden wurden mit einer Salbe behandelt, die die

Jünger angesichts der Göttlichen Prophezeiungen bereits vorbereitet hatten und die seitdem als die »Salbe von Jesus« bekannt ist. Sein Körper wurde in ein Leinentuch gewickelt, das vierzehn Fuß und drei Inches lang und vier Fuß und sieben Inches breit war (4,3 m lang, 1,4 m breit), und wurde dann in eine geräumige Kammer gelegt, die in einem Felsen eingehauen war. Er wurde so gepflegt, daß er, obwohl er schwere körperliche Leiden erduldet hatte und seine Wunden noch frisch waren, bald schon in der Lage war, umherzugehen.

Es ist der Anerkennung wert, daß die Salbe des Jesus nicht in irgendeinem der medizinischen Bücher erwähnt wird, die vor dem Ereignis der Kreuzigung zusammengestellt worden waren, aber sie wird in mehr als eintausend gewichtigen medizinischen Büchern erwähnt, die nach dem Ereignis der Kreuzigung verfaßt worden waren, und dies mit der Erklärung, daß sie für Jesus zubereitet worden war. Die Verfasser dieser Bücher gehören zu allen religiösen Glaubensrichtungen. Millionen von Menschen haben Zugang zu diesen Büchern gehabt und der Welt der Christenheit war diese Salbe seit Jahrhunderten bekannt, und sie hat Gebrauch davon gemacht und ist somit ein schweigender Zeuge, daß diese Salbe zum Gebrauch am Körper Jesus zubereitet worden war.

Die Jünger von Jesus bezeugen, daß sie ein paar Tage nach dem Ereignis der Kreuzigung am physischen Körper von Jesus die Wundmerkmale und Verletzungen wahrgenommen hatten, die ihm im Verlauf der Kreuzigung zugefügt worden waren. Sie nahmen nur den physischen Körper von Jesus wahr, und beobachteten keinerlei Manifestation.

Es gibt den Hinweis der Jünger, daß Jesus in ihrer Gemeinschaft für ein paar Meilen auf seinem Weg nach Gailei reiste und daß er auf ihre Bitte hin eine Nacht mit ihnen in Emmaus verbrachte. Die Jünger bezeugen, daß Jesus in jener Zeit hungrig war und sie um Nahrung bat und daß ihm gebratener

Fisch und eine Honigwabe zu essen gegeben wurde. Dies bestätigt ebenfalls, daß er damals in seinem physischen Körper gegenwärtig war und ihn nicht für einen spirituellen Körper oder eine verklärte Manifestation ausgetauscht hatte.

All dies zeigt, daß Jesus sich nach dem Ereignis der Kreuzigung die ganze Zeit über entsprechend den Erfordernissen eines physischen, materiellen Körpers verhalten hatte, indem er aß, trank, schlief und reiste, Tätigkeiten, die absolut unvereinbar sind damit, daß jemand seinen physischen Körper aufgegeben hat und eine verklärte, spirituelle Manifestation angenommen hat. Es ist des Nachdenkens wert, ob er, angetan mit einem verklärten und unsterblichen Körper, frei von den Bedürfnissen eines sterblichen Körpers, mit dem er zur Rechten Hand Gottes des Allmächtigen hätte sitzen sollen, und frei von jeglichem Schandmerkmal, von Schmerzen oder Fehlern und somit erleuchtet mit dem ewigen Göttlichen Ruhm, ob er immer noch die Merkmale seiner Verletzungen trug und Schmerz erlitt und allen möglichen Bedürfnissen und Erfordernissen unterlegen war, denen ein physischer Körper unterliegt.

Es ist somit offensichtlich, daß Jesus nicht am Kreuz starb, noch mit einem neuen verklärten Körper eingehüllt worden war, sondern am Kreuz bewußlos geworden war und im aussehen einem Menschen glich, der gestorben war.

Ein großes Wunder

Die Behauptung von Jesus, von der uns berichtet wird: *»Doch nachdem ich wieder auferstanden bin, will ich vor euch nach Glailäa gehen«* (Matthäus 26 : 32), wirft nicht irgendeinen Zweifel auf seine Errettung vom Kreuz. Es ist kein Wunder, daß jemand, der an das Kreuz genagelt worden war und bewußtlos geworden war, so daß er tot zu sein schien, dann, als er das Bewußtsein wiedererlangte, empfand, daß er wieder auferstanden wäre. In diesem Zusammenhang kann der Ausdruck »wiederauferstanden« nicht bedeuten, daß jemand, nachdem er den Tod erlitten hatte, wieder zum Leben gebracht würde. Es gibt jedoch keinen Zweifel, daß die Errettung von Jesus anbetracht all der Umstände seiner Kreuzigung ein großes Wunder darstellt und daß es nicht ein gewöhnliches Ereignis gewesen ist.

Der Heilige Qur-ân bestätigt, daß weder die Juden noch die Christen einen festen Glauben daran hatten, daß Jesus am Kreuz gestorben war. Gott, der Allmächtige, hatte zur Zeit der Kreuzigung Umstände geschaffen, aufgrund derer die Juden und die Christen annahmen, daß Jesus am Kreuz gestorben war, sie hatten keinen klaren Beweis zur Hand, der sie zufriedenstellte, daß Jesus mit Sicherheit am Kreuz gestorben war. Die Aussagen, die nunmehr zur Verfügung stehen, legen dar, daß Gott, der Allmächtige, Jesus vom Tod am Kreuz errettet hatte.

Eine Prophezeiung über den Verheißenen Messias

Gott, der Allmächtige, hat es so eingerichtet, daß die Beweise und die Vernunftgründe, die verborgen geblieben waren, in den Tagen des Verheißenen Messias deutlich werden sollten, durch die es so klar wie der hellichte Tag festgestellt würde, daß Jesus nicht am Kreuz starb und daß dieser von Gott geliebte Mensch spirituell erhöht worden war. In diesem Zusammenhang hat die folgende Verkündung des Verheißenen Messias große Bedeutung:

»Es war Gottes Absicht, daß die glänzend Waffe und die Wahrheit enthüllenden Vernunftgründe, die ein Ende mit der

Lehrmeinung vom Kreuz machen sollten, der Welt durch den Verheißenen Messias deutlich gemacht werden sollten, insbesondere, da der Heilige Prophet prophezeit hatte, daß die Religion des Kreuzes nicht zum Abstieg kommen würde, noch würde ihr Fortschritt eingeschränkt werden, bis der Verheißene Messias in der Welt erscheint. Er ist es, der es erreichen würde, daß das Kreuz gebrochen würde. Diese Prophezeiung weist darauf hin, daß zur Zeit des Verheißenen Messias Mittel zugänglich würden, durch die die Wirklichkeit über das Ereignis der Kreuzigung offenkundig werden würde. Das wird das Ende dieser Lehrmeinung sein. Es wird nicht durch Krieg oder Kampf zustandekommen, sondern durch himmlische Mittel, die deutlich gemacht würden anhand von Wissen und Verstandeskräften. Es war deswegen notwendig, daß der Himmel diese Hinweiser und diese entscheidenden Beweise zurückhalten sollte, bis der Verheißene Messias in der Welt erscheinen würde. Und so ist es geschehen. Nun, da der Verheißene erschienen ist, werden alle Augen geöffnet und die Leute werden darüber nachdenken, daß, da Gottes Messias gekommen ist, die Köpfe nun erleuchtet werden, und die Herzen Aufmerksamkeit zollen werden, und Schreibgeräte werden Kraft gewinnen und die Lenden werden gegürtet werden. Nun wird jedem Glücklichen Intelligenz gewährt werden und jedem Rechtdenkenden wird Weisheit verliehen werden, insofern, als das, was in den Himmeln scheint, auch die Erde erleuchtet. Gesegnet sind jene, die an diesem Licht teilhaben und gücklich ist derjenige, dem ein Teil davon gewährt wird.«

(Jesus in Indien, S. 64–65)

Das Turiner Linnen

Es ist notwendig herauszustellen, daß das heilige Linnen von Turin keine besonder Bedeutung in den Augen der Mitglieder der Ahmadiyya Bewegung besitzt. Es ist wahr, daß dieses Leichentuch von der Christlichen Welt mit großer Sorgfalt und Verehrung über Jahrhunderte bewahrt worden ist. Es ist entweder echt, das heißt, es ist das selbe Leinentuch, in das der Körper von Jesus eingewickelt worden war, nachdem er mit der »Salbe von Jesus« behandelt worden war, oder es ist eine Fälschung. Es ist Aufgabe der Christlichen Welt zu entscheiden, nachdem man es sorgfältig untersucht und überprüft hat, ob es echt ist oder nicht. Wenn es nicht echt ist, warum wurde ihm dann soviel Wichtigkeit zugemessen, und warum ist es in so großen Ehren gehalten worden? Wenn es echt ist, ist das Zeugnis, das es gibt und das die Tatsache unterstützt, daß der Körper vom Kreuz abgenommen wurde, während er noch lebte, nicht in sich selbst fundamental und unentbehrlich. Es bestätigt sie lediglich. Sogar wenn dieses echte Stück Leinentuch verloren gegangen wäre, würde sein Verlust nicht im mindesten etwas von dem sehr wichtigen und reichhaltigen Beweis hinweggenommen haben, der festlegt, daß nach seiner Errettung vom Kreuz und der Wiederherstellung seiner Gesundheit Jesus sein Amt für eine lange Zeit unter den Verlorenen Stämmen Israels fortführte. Diese Stämme glaubten an ihn, und es war das Ereignis seiner Lehren, daß dann, als sie von der Ankunft des Heiligen Propheten des Islam erfuhren, sie in der Lage waren, seine Wahrheit zu erkennen und Muslime zu werden.

Somit hat das heilige Linnen nicht den Charakter des fehlenden Gliedes in der Kette der Bezeugungen, die die Errettung Jesus vom Kreuz unterstützen. Wenn das Linnen eine Fälschung ist, sind die Christen dafür verantwortlich, daß sie ihm eine Verehrung erweisen, die ihm nicht zukommt. Ist es echt, dann ist es ein zusätzlicher Beweis für unsere These und fügt unserem Wissen über den Gegenstand unserer Betrachtung etwas hinzu. Wenn es aber nicht echt ist, nimmt es in keiner Weise etwas von dem Wissen weg, das wir besitzen.

Die verlorenen Stämme Israels

Der Göttliche Zweck, einen Propheten zu erwecken, ist, daß die Menschen, zu denen der Prophet entsandt wurde, von ihrem unheilvollen Leben errettet würden und sie somit, indem sie der Leitung, die dem Propheten zugewiesen wird, entsprechend handeln, sich in Richtung auf den Einen Wahren Gott aufmachen und Seine Liebe gewinnen. Jesus wurde unter den Kindern Israels erweckt. Es ist eine historische Tatsache, daß zur Zeit der Ankunft von Jesus nur ein Teil von zwei Stämmen von Israel in Palästina zu der Zeit wohnte, als die Ankunft von Jesus geschah.

Zehn der zwölf Stämme waren aus verschiedenen Gründen über den Irak, Iran, Afghanistan, Indien und Kaschmir verstreut worden. Große jüdische Siedlungen waren in Kaschmir eingerichtet worden, und sie waren nicht nur verloren, weil sie von ihrem urprünglichen Heimatland abgeschnitten waren, sondern sie waren in dem Sinne verloren, daß sie vom Gesetz des Mose abgewichen waren, und viele von ihnen waren Buddhisten geworden oder Götzen-verehrende Hindus.

Einer der hauptsächlichen Gründe für die Ankunft von Jesus war, daß er diesen verlorenen Schafen vom Hause Israel die wahren Lehren des Mosaischen Gesetzes wieder zur Geltung bringen sollte und jene zur Gemeinschaft des Mose zurückgewinnen sollte. Und jenen, die Hindus geworden waren, sollte er die Einheit Gottes wieder zur Geltung bringen und sie zum Gehorsam gegenüber dem Mosaischen Gesetz bringen. Jesus erlangte großen Erfolg in dieser Mission, und alle diese zehn Stämme erreichten den glücklichen Zustand, daß sie an das Prophetentum von Jesus glaubten, und fest von der Einheit Gottes überzeugt waren.

Jesus war der letzte Prophet des Mosaischen Glaubenssystems und es sollte nach ihm keinen anderen Propheten in Israel geben. Das Prophetentum wurde von Israel abgeschnitten und wurde dem Hause Ismael übergeben. Es bestand deswegen die Gefahr, daß durch ihr Unglück die Kinder Israels sich möglicherweies weigern würden, den Propheten anzuerkennen, der in der Thora (5. Moses 18 : 18) unter der Bezeichnung »jener Prophet« erwähnt worden war. Jesus hatte deswegen die Aufgabe bekommen, die Gemüter der Kinder Israels zur Annahme Jenes Propheten vorzubereiten, der das letzte, vollkommene und andauernde universale Gesetz bringen sollte; des Propheten, dessen Kommen das Kommen Gottes sein sollte.

Die Ankunft »jenes Propheten«

Die Geschichte zeigt, daß geradeso wie die verlorenen Stämme an Jesus glaubten und ihn annahmen, auf gleiche Weise nahezu alle von ihnen, die in diesen Ländern angesiedelt waren, an den Heiligen Propheten des Islam glaubten, und im Sprachgebrauch der Thora empfingen sie durch seine Hände die Taufe des Heiligen Geistes und des Feuers. Somit erreichte Jesus erfolgreich auch diesen Zweck seiner Ankunft.

Gott, der Allmächtige, hat es so bestimmt, daß jene Propheten, die für einen bestimmten Zweck gesandt wurden, keinen Tod erleiden, bis sie jenen Zweck erreicht haben oder

Vorsorge für dessen Erlangung zur entsprechenden Zeit getroffen haben. Zum Beispiel war Johannes der Täufer der Vorläufer von Jesus. Als Jesus durch Johannes mit Wasser getauft worden war, war der Zweck der Ankunft von Johannes erfüllt, und danach überlebte er nicht für sehr lange Zeit. Im Falle von Jesus war kein großes oder bedeutsames Ereignis vor dem Ereignis der Kreuzigung offensichtlich geworden. Er hatte noch nicht einmal Kontakt mit den verlorenen Schafen hergestellt, zu denen er gesandt worden war, noch hatte er damit begonnen, dem Gemüt der Kinder Israels die Bedeutung der Ankunft und des Ranges »Jenes Propheten« einzuprägen, dessen Ankunft von Moses und den anderen Propheten von Israel prophezeit worden war. Das Ereignis der Kreuzigung geschah im dritten Jahr des Amtes von Jesus, und Jesus hatte diesen kurzen Zeitraum in vergleichsweise großer Verborgenheit und stiller Lehre und Verbreitung verbracht. Die Juden von Palästina schenkten ihm wenig Aufmerksamkeit und ebensowenig dem, was er sagte. Wenn er ein wahrer Gesandter Gottes gewesen war, was er ohne Zweifel war, hätte er nicht am Kreuz sterben müssen. Er hatte keine Gelegenheit, seine Botschaft zu den verlorenen Schafen vom Hause Israel zu tragen, noch hatte er schon irgendwelche Vorsorge dafür getroffen, die zukünftigen Generationen jener Stämme vor dem Unglück zu bewahren, »jenen Propheten« bei dessen Ankunft zurückzuweisen, noch hatte er schon den Gemütern der Kinder Israels den hohen Rang jenes Propheten eingeprägt, der von Moses und anderen Propheten unter Göttlichem Hinweis erklärt worden war.

Im Heiligen Qur-ân ist die Ankunft unseres Heiligen Propheten als das Kommen von Gott Selbst beschrieben worden (17 : 82), durch das Satan, mit all seinen Heerscharen, zur Flucht genötigt wurde und, seine Lehren wurden der Verachtung preisgegeben, und er erlitt eine große Niederlage.

Wegen der universalen und umfassenden Leitung, die dem

Heiligen Propheten zugestanden werden sollte, errichtete Gott einen festen Bund mit den vorangegangenen Propheten, daß sie ihre Völker dahingehend instruieren sollen, daß sie an Ihn glauben und Ihm helfen sollen (Qur-ân 3 : 82). Das ist der Grund, warum die Propheten von Adam bis Jesus die Größe und den Ruhm des Heiligen Propheten des Islam bestätigen (auf ihnen allen sei Friede).

Moses sagte im 5. Moses 32 : 2: Der Herr kam von Sinai und stieg auf von Seir zu ihnen; er schien vom Berge Paran.

Somit hat er klar darauf hingewiesen, daß die Manifestation von Gottes Ruhm in seiner Vollkommenheit am Berge Paran erscheinen würde, und daß der volle Glanz der Sonne der Wahrheit am Berge Paran erreicht werden würde. Die Thora selbst weist darauf hin, daß Paran der Berg nahe Mekka ist, wo Ismael, der Vorfahr des Heiligen Propheten, angesiedelt war. Dies wird von geographischen Landkarten bestätigt. Es ist wohl bekannt, daß kein Prophet in Mekka erweckt worden war außer dem Heiligen Propheten des Islam. Beobachten Sie deswegen, wie klar Moses bezeugt hat, daß die Strahlen der Sonne der Rechtschaffenheit, die am Berge Paran erscheinen sollten, die strahlendsten von allen sein sollten, und daß der Höhepunkt des Lichtes der Wahrheit in der gesegneten Person des Heiligen Propheten erreicht werden würde.

Die Zeit erlaubt nicht das Zitieren auch von nur ein paar der zahllosen Prophezeiungen, die von einer Anzahl von Propheten gemacht wurden – einschließlich David, Salomon, Jesaiah, Johannes und Jesus –, die klar auf den Heiligen Propheten des Islam hinweisen.

Wir anerkennen die ungeheuren Errungenschaften der Wissenschaft und der Technologie, aber es kann nicht geleugnet werden, daß diese Errungenschaften auch die Drohung von Ruin und Zerstörung beinhalten. Der einzige Weg der Errettung vom Ruin, durch den wir unsere eigenen Hände Werke wegen bedroht werden, ist, daß wir unsere Hände in die Hand Gottes legen sollten und völlig die Verehrung von Götzen und von Menschen und von unserem eigenen Ego ablegen und von jeglicher Art von Beigesellung von Partnern zu Gott abstehen, wir sollten uns alle unter dem Schatten der Barmherzigkeit des Einen, Wahren Gottes versammeln.

Die abschließende Botschaft

Ich nehme diese Gelegenheit wahr, um Ihnen mit großer Demut und Liebe die folgende Botschaft zu übermitteln:

Seid glücklich und singt den Preis Gottes, daß der Messias, dessen Ankunft in den alten Schriften und im Heiligen Qurân prophezeit worden ist und der vom Heiligen Propheten des Islam angekündigt worden ist, daß der spirituelle Sohn von Muhammad bereits erschienen ist. Ich, der vor Ihnen stehe und die Ehre habe, diese Rede an Sie zu richten, bin der Stellvertreter und Dritte Nachfolger von diesem Messias. Wahre und tiefe Sympathie und Liebe für Sie fließen durch mein Herz wie ein Ozean. Ich bin ruhelos gemacht worden durch Ihre Leiden und bin sorgenvoll geworden durch Ihre Entbehrungen. Das, was Sie wirklich entbehren, ist das Fehlen von Erkenntnis Ihres Gnädigen und Barmherzigen Herrn. Ich rufe Sie auf zu jenem Wahren, Einen, Der für alle unsere Bedürfnisse Vorsorge trifft, bevor wir ins Leben kommen, und Der uns die Mittel, um wahrhaftiges Gedeihen erreichen zu können, zugänglich gemacht hat. Er gewährte uns allen das, was von unseren Fähigkeiten und unserem Fassungsvermögen her erforderlich gewesen war, so daß wir nicht irgendeiner Sache ermangeln sollen, die notwendig sein könnte für die Errichtung einer lebendigen Beziehung zu Ihm. Aber wir haben uns undankbar verhalten. Das, was uns zum Zweck der Errichtung von Frieden und Sicherheit gewährt worden war, wurde von uns benutzt, um Unordnung und Korruption hervorzubringen. Der Mißbrauch dessen, was uns zur Förderung unserer Gesundheit und der Entwicklung unseres Intellekts und der Aufrechterhaltung unserer Moral und der Erhöhung unserer Seelen gewährt worden war, hat uns in die Tiefen geworfen und hat uns von Gott entfremdet. Es ist noch Zeit anzuhalten, unseren Herrn anzuerkennen und uns Ihm in Reue zuzuwenden. Er wird alle unsere Sünden und Fehler vergeben, Er wird uns aufrichten mit Liebe und wird uns in die Gärten Seines Wohlgefallens führen. Unsere eigenen Tränen und das angestrengte Sehnen unserer Herzen, um Gott zu treffen, sind unsere Erlösung. Wir brauchen keine andere Erlösung. Ich fordere Sie auf, sich dem Einen Gott, Der keinen Partner hat, zuzuwenden und Ihre Nacken zu Seinem Gehorsam zu beugen, denn darin liegt all Ihr Gutes.

Ich rufe Sie auf, Muhammad zu folgen, auf ihm sei Friede. Die Pfade, auf denen er entlang schreitend seinen Herrn fand, wodurch ihm die Segnungen beider Welten gewährt wurden, tragen noch die Merkmale seiner Fußspuren. So folgt jenen Fußspuren, denn wenn Ihr es tut, werdet Ihr die Liebe Gottes gewinnen und Ihr werdet Seine liebreiche Stimme hören, die Euch versichert: »Wenn Ihr Mein sein wollt, wird das Universum Euer sein.«

Die falschen Freuden und künstlichen Vergnügungen dieser vergänglichen Welt können nicht mit der Liebe Gottes verglichen werden. Ich lade Sie ein, einen Versuch zu machen, die Liebe Gottes zu gewinnen. Diese Tür ist durch die Jahrhunderte hin für die Millionen geöffnet worden, die an ihr geklopft haben. Warum solltet Ihr verzweifeln, daß sie für Euch nicht geöffnet würde? Kommt her und nehmt Islam an, dem Ruf des Nachfolgers des Muslimischen Messias antwortend, denn darin liegt all Euer eigenes Gutes und das Gute

Eurer zukünftigen Generationen, doch wenn ihr es nicht tut, dann erwartet Euch eine furchtbare Katastrophe, vor der ich Euch in Einzelheiten vor elf Jahren in dieser Stadt gewarnt habe.

Übersetzung: Hadayatulla Hübsch

Eine Erklärung des Britischen Rates der Kirchen zur Internationalen Konferenz »Errettung Jesu vom Kreuz« und eine Antwort des Oberhauptes der Ahmadiyya-Bwegung im Islam

Eine Dokumentation

Vorwort

Vom 2. bis 4. Juni 1978 fand in London im Commonwealth Institut eine Internationale Konferenz statt, zu der die Ahmadiyya-Bewegung im Islam eingeladen hatte. Delegierte, Religionswissenschaftler, Historiker, Gelehrte und Abgesandte der Kirche, darunter offizielle Repräsentanten der polnischen römisch-katholischen Kirche und Beobachter des katholischen Erzbischofs von Großbritannien, diskutierten drei Tage lang die Vorträge, die sich mit dem Thema »Die Errettung Jesus vom Kreuz« beschäftigten. Sir Mohammad Zafrulla Khan, ehemaliger Präsident des Internationalen Gerichtshofs in Den Haag, nahm sich aufgrund biblischer Aussagen der Frage an, ob Jesus Gott oder Prophet gewesen war, der Schriftsteller Andreas Faber-Kaiser berichtete über seine These, daß Jesus nicht am Kreuz gestorben sei, der Wissenschaftler Sheikh Abdul Qadir erläuterte seine Meinung über das Leben von Jesus nach der Kreuzigung bis zu seinem Tode im Alter von 120 Jahren, Mirza Muzafar Ahmad, Direktor der Weltbank in Washington, verlas seinen Vortrag über die Verlorenen Stämme Israels, eine Rede von dem indischen Archäologen Professor Hassnain über seine Erforschungen des Grabes von Jesus in Kaschmir wurde verlesen, der tschechoslovakische Wissenschaftler Dr. Filip sprach über neue Gesichtspunkte der Aktivitäten Jesus außerhalb Palästinas, und der Imam der Londoner Moschee, B. A. Rafiq sowie der ehemalige Theologe und Qur-ân-Übersetzer A. S. Madsen aus Dänemark sprachen über die Aussagen der Bibel bzw. des Qur-ân und über die Errettung Jesu vom Kreuz.

Zum Abschluß dieser Konferenz, die von mehr als 750 Delegierten und Interessenten aus allen Teilen der Welt besucht worden war, sprach das Oberhaupt der Ahmadiyya Bewegung im Islam, Hazrat Mirza Nasir Ahmad, der dritte Kalif nach Erscheinen des Verheißenen Messias, vor einer etwa 1500-köpfigen Menschenmenge über die Doktrin des Sühneopfers, der Kreuzigung und der Frage der Erlösung. Diese Rede ist vorstehend unter dem Titel: »Die Wahrheit über die Kreuzigung« abgedruckt.

Diese Konferenz erregte in weiten kirchlichen Kreisen Großbritanniens großes Interesse und der neugegründete britische Rat der Kirchen »The Britisch Council of Churches« mit seinem Komitee zu Beziehungen mit Angehörigen anderer Glaubensbekenntnisse veröffentlichte eine ausführliche Pressemeldung, in der man sich mit der Internationalen Konferenz auseinandersetzte und abschließend verlautbarte, daß man zu Gesprächen über die strittigen Fragen bereit sei. Diese Erklärung des britischen Rates der Kirchen bildet den ersten Teil unserer Dokumentation. Ihm folgte die Antwort des damaligen Oberhauptes der Ahmadiyya-Bewegung im Islam, der die Anregung der Kirche aufgriff und Gespräche in verschiedenen Teilen der Welt vorschlug. Diese Erklärung können Sie als zweiten Teil nachlesen.

Erklärung des Britischen Rates der Kirchen über die Ahmadiyya Muslim Konferenz in London vom 2. bis 4 Juni 1978

Die erste Sitzung des neu formierten Britischen Rates der Kirchen, Komitee für die Beziehungen mit Angehörigen anderer Glaubensbekenntnisse, hat am 23. Mai den Christen Leitung angeboten in Bezug auf die Internationale Konferenz der Ahmadiyya-Bewegung in Großbritannien, vom 2. bis 4. Juni im Commonwealth Institut, London. Das Komitee bestätigt seine Bereitschaft für einen offenen und konstruktiven Dialog mit Angehörigen anderer Glaubensbekenntnisse und Ideologien, die Ahmadiyya-Bewegung eingeschlossen. Es erkennt, daß die Publizität, die der Konferenz zuteil wurde eine Kontroverse erregen kann und Verwirrung und Verärgerung hervorrufen kann. Im Namen der Christen von Großbritannien bestätigt es deswegen wiederum den Glauben der christlichen Kirche, daß Jesus am Kreuz zu Jerusalem starb, begraben wurde, am dritten Tag von Gott auferweckt wurde und nun für immer lebendig ist.

(Weitere Einzelheiten sind beigefügt)

Anfragen können gerichtet werden an:

Dr. David Kerr

Rt. Rev. David Brown
Bischof von Guildford

Die ganze Erklärung des Komitees lautet:

»Wir stellen fest, daß die Ahmadiyya-Muslim-Bewegung in Großbritannien vom 2. bis 4. Juni in London eine Konferenz zum Thema »Errettung Jesu vom Kreuz« organisiert hat. Wir hören, daß die Punkte, die auf der Konferenz zur Diskussion stehen, sich um eine der Hauptlehren der 89 Jahre alten Ahmadiyya-Bewegung drehen, daß Jesus von seinen Jüngern vom Kreuz abgenommen wurde, und dann, nachdem er von seinen Wunden genesen war, heimlich nach Iran, Afganistan und Kaschmir reiste, so daß er schließlich eines natürlichen Todes in Kaschmir gestorben ist, während er in einem Grab begraben liegt, das heute noch in Srinagar gesehen werden kann. Wir rufen in Erinnerung, daß die Ahmadiyya-Bewegung in den abschließenden Jahrzehnten des Neunzehnten Jahrhunderts ins Leben gerufen wurde, und zwar in der östlichen Punjab-Region des Indischen Subkontinentes, und daß die Bewegung ihren Anfang nahm auf Grund des Predigens und der Aktivitäten von Mirza Ghulam Ahmad.

Wir sind abgeneigt, irgendeinen öffentlichen Kommentar zu der Londoner Konferenz zu geben. Orthodoxe Islamische Autoritäten haben den Anspruch der Ahmadiyya, daß Jesus eines natürlichen Todes gestorben sei, nachdem er nach Kaschmir gegangen war, seit langem als nicht-qur-ânisch zurückgewiesen: orthodoxe Muslime in London sollten deswegen vielleicht diejenigen sein, die eine notwendige Kommentierung dieser Londoner Konferenz und ihrer Themen vornehmen sollten.

Unsere Abneigung rührt auch von daher, daß wir uns bewußt sind, daß die Christenheit sich oftmals aggressiven und negativen Angriffen auf die zentralen Glaubenssätze anderer Religionen hingegeben hat. Attacken von einer Art und Weise, die vergleichbar sind mit diesen Ahmadiyya-Angriffen auf die zentrale Christliche Lehrmeinung: Wir wünschen nicht, über-verteidigungswillig zu erscheinen, wenn solche Angriffe gegen uns gerichtet werden.

Angesichts der Publizität jedoch, die dieser Konferenz auf eine Weise gegeben wird, die dazu angetan ist, eine Kontroverse zu erregen, fühlen wir uns gezwungen, drei Kommentare abzugeben:

1. Wir bestätigen wiederum unseren Glauben an die Historizität der Kreuzigung und an den Tod von Jesus, der von den vier Evangelien und dem übereinstimmenden Zeugnis der frühen Christlichen Tradition bestätigt wird: Wir erkennen an, daß der Tod von Jesus Christus am Kreuz ein Skandal und ein Affront gegen die Göttliche Gerechtigkeit zu sein scheint, aber wir glauben, daß wir im Tod von Jesus Christus am Kreuz die Liebe Gottes sehen, die für andere leidet und die nicht ohne Vergeltung vergibt:

2. Wir sind bereit für Gespräche in der Zukunft (in einem Rahmen, für den keine Propaganda gemacht wird) zwischen Muslimen der Ahmadiyya-Bewegung und Christen, in London und anderswo, um ein gegenseitiges Teilhaben an den Überzeugungen über die Bedeutung von Gottes mitleidsvoller und barmherziger Natur zu ermöglichen und um über Fragen, die sich auf die Bedeutung von Jesus beziehen, zu sprechen:

3. Obwohl wir nicht darin übereinstimmen, daß es einen stichfesten Beweis dafür gibt, daß Jesus Zentral-Asien oder den Indischen Subkontinent besucht hat anerkennen wir vollkommen die Tatsache, daß die Figur von Jesus, den wir für den lebendigen Christus halten, allen Nationen und Ländern gehört, und daß alle Verbindungen zwischen der Christlichen Bewegung und verschiedenen Kulturen in den frühen Jahrhunderten ernst genommen werden und erforscht werden sollten.«

Erklärung von Khalifatul Massih III., Hazrat Mirza Nasir Ahmad, Oberhaupt der Ahmadiyya-Bewegung im Islam zur Erklärung des Komitees der Britischen Kirchen

Das neu gebildete Komitee des Britischen Rates der Kirchen für die Beziehungen mit Angehörigen anderer Glaubensbekenntnisse hat eine Presseerklärung herausgegeben, die sich auf die Internationale Konferenz der Ahmadiyya-Bewegung über die Errettung Jesu vom Kreuz bezieht, in der es seine Bereitschaft dafür bezeugt, einen konstruktiven Dialog mit – unter anderem – Repräsentanten der Ahmadiyya-Bewegung zu eröffnen. Die Erklärung drückt die Auffassung aus, daß die Publizität, die der Konferenz zuteil wurde, »Ärgernis hervorrufen könne«. Ich möchte verkünden, daß die Ahmadiyya-Bewegung mit dem Abhalten der Konferenz kein Ärgernis wecken wollte, und kein Ärgernis sollte an ihr genommen werden. Während der gesamten Konferenz wurde sich auf Jesus, an den wir als einen rechtschaffenen Propheten und wahrhaften Gesandten Gottes glauben, in Worten des tiefsten Respekts und der Anerkennung bezogen.

Die Erklärung weist darauf hin, daß es Unterschiede in der Lehrmeinung zwischen der Ahmadiyya-Bewegung und den orthodoxen Autoritäten gibt. Ich möchte es ganz deutlich machen, daß alle Islamischen Gruppierungen, trotz ihrer

Unterscheidungen vereint sind in ihrem Glauben an die Einheit Gottes, die Rechtschaffenheit des Heiligen Propheten Muhammad, auf dem der Friede und die Segnungen Gottes seien, und darin, daß er das Siegel der Propheten ist und der erhabenste von ihnen allen. Über die Frage der Einheit Gottes und der Lehrmeinung der Trinität gibt es keinen wie auch immer gearteten Unterschied zwischen uns.

Es wird in der Erklärung weiterhin ausgesagt: »Unsere Abneigung, irgendeinen öffentlichen Kommentar zu der Londoner Konferenz abzugeben, rührt auch daher, daß wir uns bewußt sind, daß die Christenheit sich oftmals aggressiven und negativen Angriffen auf die zentralen Glaubenssätze anderer Religionen hingegeben hat. Attacken von einer Art und Weise, die vergleichbar sind diesen Ahmadiyya-Angriffen auf die zentrale Christliche Lehrmeinung.« Während wir darin übereinstimmen, daß die Christenheit sich oftmals aggressiver und negativer Angriffe auf die zentrale Lehrmeinungen anderer Religionen in einer Sprache hingegeben hat, die oftmals Anlaß zu ernsthafter Besorgnis war, können wir nicht darin übereinstimmen, daß der Glaube der Ahmadiyya-Bewegung und seine Bekanntmachung während einer Konferenz oder auf andere Weise, daß Jesus nämlich ein erhabener Göttlicher Gesandter war und daß ihm nichts zugeschrieben werden sollte, das mit seinem hohen Rang als einem Göttlichen Gesandten unvereinbar ist, eine aggressive oder negative Attacke gleich den Christlichen Attacken gegen die Lehrmeinungen anderer Religionen darstellt.

Die Erkenntnis des Komitees, daß »der Tod von Jesus Christus am Kreuz ein Skandal und ein Affront gegen die Göttliche Gerechtigkeit zu sein scheint«, ist eine willkommene Ankündigung. Sie erweckt in uns die Hoffnung, daß dann, wenn die Wirklichkeit dieser Fragen unseren Christlichen Brüdern mit Liebe und auf die bestmögliche Weise erklärt wird, sie ihre falschen Glaubenssätze aufgeben würden und anerkennen, daß der Glaube, daß Jesus einen verfluchten Tod am Kreuz starb und daß eine unschuldige Person für die Sünden der Schuldigen bestraft worden war, nicht nur ein Skandal und ein Affront gegen die Göttliche Gerechtigkeit zu sein »scheint«, sondern fürwahr ist.

Wir sind glücklich, daß der Britische Rat der Kirchen durch dieses Komitee die Ahmadiyya-Bewegung eingeladen hat, in Zukunft Gespräche in London und anderswo über die Unterschiede zwischen uns zu führen.

Wir nehmen diese Einladung an und stimmen darin überein, daß diese Gespräche in einer Atmosphäre der Liebe und der Höflichkeit stattfinden sollten. Wir schlagen vor, daß diese Gespräche in London, Rom, einer westafrikanischen Hauptstadt, einer asiatischen Hauptstadt und in den Vereinigten Staaten von Amerika stattfinden sollten und zwar zu Zeiten und unter Bedingungen, über die sich beide Parteien einigen müßten.

Wir würden auch Gelegenheiten zum Dialog mit den Repräsentanten der Römisch-Katholischen Kirche zu den Unterschieden in den Lehrmeinungen zwischen uns willkommen heißen, entweder getrennt oder zusammen mit anderen Christlichen Kirchen, den Britischen Rat der Kirche eingeschlossen.

* * *

Anmerkung im Sommer 1992:
Das Komitee der Britischen Kirchen hat trotz mehrfacher Anfragen seitens der Ahmadiyya Muslim Jamaat auf die Erklärung des Kalifen nicht reagiert und somit keine Anstalten mehr gemacht, den von ihr begonnenen Dialog fortzusetzen.

Offener Brief an die Christenheit

Liebe Schwestern und Brüder!

Wisset, daß sich die Prophezeiung über die zweite Ankunft Christi in der Person von Ahmad aus Quadian (Indien) erfüllt hat, und zwar in derselben Weise, wie die zweite Ankunft des Elias durch das Kommen von Johannes dem Täufer erfüllt worden war. (Mt. 17 : 10–13)

Hazrat Ahmad hat sowohl durch die Bibel als auch durch authentische, historische Beweismittel nachgewiesen, daß Jesus nicht am Kreuz starb, sondern im Zustand der Bewußtlosigkeit vom Kreuz abgenommen wurde, und nachdem er behutsam von jenen gepflegt worden war, die ihm nahestanden, kam er zu sich und verließ lebend die Grabstätte, wie er prophezeit hatte (Mt. 12 : 40).

Bitte bedenkt doch folgendes:

Der Tod am Kreuz als verfluchter Tod

1. Am Kreuz zu sterben, bedeutet, wie in Dt. 21 : 22, 23 zu lesen ist, soviel wie von Gott verflucht werden. Wie käme Jesus, ein geliebter und auserwählter Prophet Gottes, dazu, einen verfluchten Tod zu sterben? So heißt es: »Keiner, der aus dem Geist Gottes redet, sagt: Jesus sei verflucht!« (1. Kor. 12 : 3)

Ähnlichkeit mit Jonas

2. Jesus selbst hatte sein Entrinnen dem Tod am Kreuz vorhergesagt. Er verglich sein Schicksal mit dem des Jonas (Mt. 12 : 39, 40), welcher lebend in den Bauch des Wales gelangte, dort trotz Bewußtlosigkeit lebendig blieb und von dort lebendig zum Vorschein kam (Jonas 1 : 15–2 : 11). So wurde Jesus vom Kreuz zwar bewußtlos, aber doch lebend abgenommen, blieb lebend in der Grabstätte und kam wieder lebend daraus zum Vorschein. Wäre er am Kreuz gestorben, so bestünde keinerlei Ähnlichkeit zwischen seinem Schicksal und dem des Propheten Jona.

Das inständige Gebet Jesu

3. Das inständige Gebet Jesu: *»Vater, alles ist Dir möglich. Nimm diesen Kelch von mir!...«* (Mk.- 14 : 36) beweist uns deutlich, daß Jesus vom Kreuz errettet worden ist. Denn es wäre völlig unglaublich, daß solch ein ernsthaftes Gebet, von dem geschrieben steht: *»Sein Schweiß tropfte wie Blut zur Erde«* (Luk. 22:44), ungehört bleiben sollte. Der Brief an die Hebräer (5 : 7) macht den Fall noch deutlicher. Die Annahme dieses Gebetes Jesu ist dort mit klaren Worten ausgedrückt: »Als er auf Erden lebte, hat er Gebet und Bittrufe mit lautem Schreien und mit Tränen vor Den getragen, Der ihn aus dem Tode retten konnte, und ist um Seiner Ehrfurcht wegen erhört worden.«

Der Traum der Frau von Pilatus

4. So wie Joseph einen Traum sah, um dadurch das Leben von Jesus in seiner Kindheit retten zu können, so daß er demgemäß ihn und seine Mutter nach Ägypten führte

(Mt. 2 : 13), so war ähnlicherweise der Traum von Pilatus' Frau (Mt. 27 : 19) dazu bestimmt, das Leben Jesu zu retten. Pilatus, auch überzeugt von der Unschuld Jesu, wollte diesen gerne retten (Mt. 27 : 17–18) und unternahm so alles in seiner Macht Stehende, um das gewünschte Ergebnis zu erzielen. Selbst die Soldaten unter Pilatus' Befehl behandelten, wie es scheint, Jesus zuträglich. Pilatus sprach das Urteil nicht aus bis zu der Stunde, da er sicher war, daß gemäß des Herannahens des Sabbats Jesus nur wenige Stunden am Kreuz verbringen würde. Jesus wurde Wein oder Essig, vermischt mit Myrrhe, verabreicht; die beiden Diebe jedoch, die gleichzeitig mit Jesus gekreuzigt wurden, bekamen diesen Trank nicht, mit dem sie weniger schmerzempfindlich hätten gemacht werden können.

5. Die Bewußtlosigkeit, welche der Verabreichung von Essig folgte, wurde irrtümlicherweise für den Tod gehalten. (Joh. 19 : 30)
6. Die Zeit, während der Jesus am Kreuz hing, betrug etwa drei Stunden (Joh. 19 : 14), gemäß Markus (15 : 33) sechs Stunden. Keiner dieser Zeitabschnitte konnte genügen, um einen jungen Mann wie Jesus am Kreuz umzubringen. Deswegen wundert sich auch der erfahrene Pilatus, der schon die Kreuzigung Hunderter von Menschen angeordnet hatte! *»Pilatus war erstaunt zu hören, daß Jesus schon gestorben war.«* (Mk. 15 : 44)
7. Die Soldaten zerbrachen die Beine von Jesus nicht, während die Beine der anderen beiden, mit ihm Gekreuzigten, geborchen wurden. (Joh. 19 : 32–33)
8. Jesu Seite wurde durchbohrt und Blut floß heraus, dies war ein klares Lebenszeichen. (Joh. 19 : 34)

Freunde nehmen den Leib Jesu mit sich

9. Nachdem er vom Kreuz abgenommen worden war, wurde sein Leib nicht Feinden, sondern seinen Freunden übergeben (Joh. 19 : 38). Rev. Dummelow beschreibt diese Art, wie mit dem Leib Jesu umgegangen wurde, so: *»Myrrhe und Aloë-Holz wurden zu Pulver zerstoßen und zwischen die Binden gefügt, welche Falz auf Falz gewickelt wurden... Hals und Gesicht des Körpers wurden zweifellos freigelassen.«* (Dummelow Commentary of the Holy Bible. Seite 808). Die berühmte »Marham-i-Isa«, die Salbe Jesu, wurde auf seine Wunden getragen. Die Beschreibung dieser Salbe findet sich in zahlreichen medizinischen Abhandlungen aus alter Zeit. Darin wird festgehalten, daß sie auf die Wunden Jesu aufgetragen wurde, als er vom Kreuz abgenommen worden war. Jesus wurde nicht, wie andere Missetäter, begraben. Das Grab, worein Jesus gelegt wurde, war in einen Felsen eingehauen (Mk. 15 : 46) und war wie eine Kammer, in der sich mehrere Männer aufhalten konnten, ohne Gefahr zu ersticken. Es gehörte einem ergebenen Freund, unter dessen großzügiger Obhut er wieder zu Bewußtsein gebracht werden sollte.

Herausgekommen aus dem Grab und Treffen mit seinen Jüngern im Geheimen

10. Als Jesu Grab am dritten Tage aufgesucht wurde, fand man den Stein weggerückt von seinem Platz, was nicht der Fall hätte sein können, wenn es sich um ein übernatürliches Aufsteigen gen Himmel gehandelt hätte. (Lk. 24:2)
11. Nachdem Jesus das Grab verlassen hatte, traf er seine Jünger noch mit seinem alten Leib, und als einige von

ihnen zweifelten, zeigte Jesus ihnen seine Wundmale, um ihnen zu versichern, daß er kein Geist, sondern ein Mensch aus Fleisch und Knochen war. (Lk. 24 : 39–40; Joh. 20 : 27)

12. Nach dem Verlassen des Grabes fühlte Jesus sich hungrig und nahm eine Mahlzeit zusammen mit seinen Jüngern ein. (Joh. 21 : 5–13; Luk. 24, 41–43)
13. Jesus unternahm eine Reise nach Galiläa mit zweien seiner Jünger, die Seite an Seite mit ihm wanderten. Dies zeigte klar, daß er an einen sicheren Ort fliehen wollte. Wäre es sein Ziel gewesen, zum Himmel emporzusteigen, so hätte er nicht eine Reise nach Galiläa unternommen.
14. Wäre er am Kreuz gestorben und wieder zum Leben erstanden, wie die Christen behaupten, um die Lehre vom Sühneopfer Christi beweisen zu können, so hätte er sich zur höchsten Stelle in Jerusalem begeben, um den ungläubigen Juden seinen Triumph über den Tod zu verkünden. Indem er seinen unwiderlegbaren Beweis seiner Gottessohnschaft vorgebracht hätte, hätte er sie eingeladen, an ihn als solchen zu glauben. Er tat aber nichts dergleichen. Stattdessen traf er ein paarmal seine Jünger, um sie von der Tatsache zu überzeugen, daß er nicht am Kreuz gestorben sei, und daß er nicht »verflucht« worden war, aber noch lebendig sei mit seinem alten Leib. Ja, er unternahm sogar Vorsichtsmaßnahmen, um sich mit ihnen ausschließlich im Geheimen zu treffen.

Auferstehung – unnützes Märchen

15. Die vermeintliche Prophezeiung über seine Auferstehung ist keine Tatsache. Gemäß Johannes (20 : 9) wußten Petrus und die anderen Apostel nichts davon, und

Lukas sagt, daß die Apostel die Neuigkeit für Geschwätz hielten und nicht daran glaubten (Lk. 24 : 11). Hätte Jesus seinen Jüngern gesagt, daß er auferstehen würde, so würden die Apostel dies gewußt haben.

16. Zum letzten Mal traf Jesus seine Jünger am See Tiberias, wo er zu Petrus sagte: »Weide meine Schafe« (Joh. 21 : 16), und er selbst ging, um andere Schafe zu suchen und zu retten: »Ich habe noch andere Schafe, die nicht aus diesem Hof sind; auch sie muß ich führen, und sie werden auf meine Stimme hören« (Joh. 10 : 16). Diese fand er in Afghanistan und Kaschmir.

Entdeckung des Grabmals Jesu

17. Eine wohlbekannte Tatsache ist, daß Thomas, einer der zwölf Jünger, nach Indien ging, wo sein Grab, in Madras, liegt. Jedoch eine neue Entdeckung wurde von Ahmad, dem Verheißenen Messias, gemacht, welche die Theorie widerlegt, daß Jesus zum Himmel emporgehoben wurde. Das Grabmal Jesu Chrisi ist entdeckt worden, und es ist beweiskräftig nachgewiesen worden, daß der im Grab liegende Jesus, Sohn der Maria, ist. Fälschlicherweise war er angebetet worden und vergangene Jahrhunderte lang vergöttert worden. Sein Grab liegt in der Khan Yar Straße in Srinagar, Kaschmir. Diese Gegend war und ist noch bewohnt von den verlorenen Stämmen Israels. Übrigens ist es bezeichnend, daß der Text der überarbeiteten Standard-Übersetzung des Neuen Testamentes (aus dem Jahre 1946), veröffentlicht von Thomas Nelson und Söhne, New York, die körperliche Himmelfahrt Jesus gar nicht mehr erwähnt.

Mögen unsere christlichen Schwestern und Brüder die Botschaft Gottes, die Er durch den Heiligen Propheten

des Islams, Muhammad, und seinen geistigen Sohn, den von ihm verheißenen Mahdi und Messias Ahmad, beherzigen und annehmen, um so das Paradies und Gottes Liebe zu erlangen. Unser letztes Wort aber sei:
Aller Preis gebührt Allah. Amen!.